# Loderò il Signore con Gioia



ANCORA

A cura del Centro Diocesano Vocazioni di Como

Illustrazioni di Gabriella Cominotti

Imprimatur:
† Alessandro Maggiolini
Como, 2 febbraio 1991



ÀNCORA EDITRICE
Via G.B. Niccolini, 8 - 20154 Milano
Tel. 02.345608.1 - Fax 02.345608.66
E-mail: editrice@ancoralibri.it
www.ancoralibri.it

N.A. 5201

ÀNCORA ARTI GRAFICHE
Via B. Crespi, 30 - 20159 Milano
Tel. 02.6085221 - Fax 02.6080017
E-mail: arti.grafiche@ancoralibri.it

ISBN 978-88-514-1009-4

# *PRESENTAZIONE*

*– Questo è un libretto da tenere accanto, da usare spesso, da far durare a lungo. E pazienza se si sciupa come testi assai consultati. E non sarà male, se qualche formula andrà a memoria. La si potrà sussurrare anche per strada o nelle soste di studio, quasi senza accorgersene.*

*– Questo è un libretto dove ogni brano si rivolge a un tu che è Dio Padre, o il Signore Gesù, o lo Spirito Santo, o Maria.*
*Occorre essere attenti a questo tu, pensarlo, sentirlo quasi, nell'esperienza, poiché è reale e presente dove lo si prega.*
*Le parole non devono legarci a sé, ma proiettarci oltre.*

*– Questo è un libretto che contiene frasi della Parola di Dio e della santità saggia e materna della Chiesa.*
*Bisogna lasciarsi docilmente formare da queste preghiere.*
*Se le avvertiamo lontane o false o irreali, non è perché esse siano sbagliate; sbagliati siamo noi. Si impone di correggerci.*

*– Questo è un libretto che esprime le invocazioni dell'uomo. Quelle vere. Quelle che ci fanno soffrire o ci esaltano. Quelle che rivolgiamo soltanto a Chi siamo certi ci ascolta e ci esaudisce. Ci esaudisce, magari, non dandoci ciò che chiediamo, ma cambiandoci il cuore per essere pronti a ricevere ciò che egli ci darà per il nostro vero bene.*

*– Questo è un libretto che sostiene nella ricerca della propria vocazione. Che chiede luce per scorgere il cammino della vita verso Dio. E forza per percorrerlo. Lasciandoci guidare. Fino alla felicità magari temuta.*

*– Questo è un libretto che rende l'animo più puro, più generoso, più capace di gratitudine e di lode. Così si impara ad amare la verità, la bontà, la bellezza, in Dio e nelle sue creature, quasi "istintivamente".*

*– Questo è un libretto che aiuta a far diventare vita l'orazione. Se lo si percorre con calma. Se lo si medita con attenzione. Se lo si ripete con senso di novità.*

*– Questo è un libretto che insegna. Introduce ad altri libri: la Liturgia delle Ore, il Messale, la Bibbia, il Magistero della Chiesa e dei Santi. A suo tempo.*

*– Buona preghiera. Poi è la gioia piena.*

† Alessandro Maggiolini, Vescovo

# *LETTERA AI RAGAZZI E ALLE RAGAZZE*

Carissimo/a,
questo libro è per te. Deve diventare un tuo compagno fedele, una guida inseparabile e preziosa. Forse non finirà in cartella, tra i libri di scuola, eppure devi considerarlo un libro per la tua «scuola di preghiera». Già, perché anche a pregare si impara! È un'arte, la preghiera, che si acquista a poco a poco. Per dono di Dio, dello Spirito Santo che è in te, ma anche per il tuo impegno, la tua fatica e, certamente, anche per la tua costanza.
Quanti ragazzi, vedendo un pianoforte, vorrebbero essere capaci di usarlo con maestria e si sognano esecutori di concerti. Tra il dire e il fare, però, la differenza è grande! Avanza nell'arte della musica solo chi si esercita: ogni giorno, con costanza, senza pretese di eseguire subito le grandi fughe di Bach.
Così è con la preghiera. Molti vorrebbero essere capaci di pregare; poi, però, si lasciano vincere dalla pigrizia e dalla fretta. Così si limitano a dire delle filastrocche di preghiera, in tutta velocità, a sera, quando sono già stanchi e assonnati, senza pensare con amore Chi pregano e che cosa dire a Colui che pregano.

## *Metti un gran cuore nella preghiera*

Tu invece, renditi conto che, se vuoi crescere nell'amicizia con Gesù, è necessario imparare a pregare e mettere una gran cura nella preghiera. Altrimenti sarebbe come se, incontrando un amico, non avessi niente di gioioso e di confidenziale da dirgli, niente da ricevere o da ascoltare da lui. Una tale amicizia è destinata senz'altro a consumarsi! Decidi, quindi, di imparare ad apprendere a pregare: a poco a poco, lasciandoti guidare da chi ha già sperimentato la preghiera. In seguito, quando avrai acquisito un cuore grande, troverai tu le parole adatte per le diverse situazioni, nei vari tempi della giornata.

### *Impara a pregare in ogni occasione*

Sul libretto che hai tra mano sono raccolte preghiere di ogni genere: per il mattino e la sera; nelle occasioni comuni e straordinarie; quando sei lieto, quando sei triste; per i momenti in cui preghi da solo, nella tua cameretta, con i tuoi genitori, in casa, o con i tuoi amici del gruppo parrocchiale. Comprendi che il Signore non è un ospite straordinario, ma un amico fedele, che ti accompagna tutti i giorni e attraverso i tuoi stati d'animo. Tutti abbiamo bisogno del suo amore, grandi e piccoli. Tutti egli raggiunge con la sua tenerezza di Padre. È Gesù che ci ha aperto gli occhi e ci ha fatto conoscere fino a quale profondità giunge l'amore di Dio per ciascun uomo. Così noi, sostenuti dalla parola di Gesù e guidati dalla forza dello Spirito Santo, abbiamo il coraggio di gridare: « Abbà (Padre)! ».

### *Impara a pregare senza stancarti mai*

Ti auguriamo di giungere presto a questa confidenza. Fai contento Dio se lo invochi, se riconosci il suo amore, se lo lodi per le meraviglie che egli continuamente compie: in te, nella Chiesa, nel mondo.

Prega allora, senza stancarti mai, avendo fiducia che il Padre concede sempre ai suoi figli tutto ciò che serve per la loro salvezza, per la loro felicità. Pregando, però, non pensare solo a te stesso; ricordati di tutti gli uomini del mondo, anche dei meno fortunati di te, perché non si sentono amati. Chiedi al Signore tutto ciò che serve a te per una vera crescita. Non dimenticarti di chiedere al Padre il dono più importante: lo Spirito Santo, Colui che aiuta a trasformare anche te a imitazione di Gesù, il Figlio perfetto, in un vero figlio di Dio.

Parte Prima

# LA PREGHIERA PER OGNI GIORNO DELLA SETTIMANA

“Venite, applaudiamo al Signore,
battiamo le mani al Dio della vita!”

*Domenica mattina*

# NEL GIORNO DEL SIGNORE RISORTO CANTA LA SUA GLORIA

## *Invitatorio*

*Apri il cuore al Signore*
*che vuole incontrarti*

Venite applaudiamo al Signore,
battiamo le mani al Dio della vita!
Accostiamoci a lui per rendergli grazie,
a lui acclamiamo con canti di gioia!

Tu sei in mezzo a noi, Signore, non abbiamo paura.
Sei il nostro aiuto, il sostegno della nostra vita.

Signore, ti voglio incontrare:
tu sei l'Amico.
Signore, ti voglio vedere:
tu sei luce alla nostra mente.
Signore, ti voglio parlare:
tu sei parola di verità.
Signore, ti voglio ringraziare:
tu sei eucaristia per sempre.

## *Dal Salmo 19*

*Facciamo festa con tutto il creato:*
*il Signore è risorto!*

I cieli e la terra narrano la gloria di Dio
e il firmamento canta l'opera delle sue mani.

Il giorno lo fa sapere al giorno,
la notte lo comunica alla notte.

Non si odono parole, non si sente una voce,
ma per tutta la terra si diffonde il messaggio,
fino ai confini del mondo.

Il sole, felice, percorre il cielo immenso,
riscaldando la terra.

La legge del Signore è perfetta,
conforta l'anima.
I comandamenti del Signore sono giusti,
rallegrano il cuore.

Il comando del Signore è limpido,
luce per gli occhi.
Le parole di Dio sono giuste,
vere in eterno.

Più preziose dell'oro, dell'oro più fino,
più dolci del miele che stilla dai favi.

Esse illuminano il nostro cuore
e ci fanno crescere.

## *Le tue parole, Signore, sono parole di vita eterna*

### *Due uomini... il Risorto*

Il Signore è risorto! Questo è il grande annuncio e la grande novità che i cristiani vogliono testimoniare davanti al mondo con una vita rinnovata. È l'esperienza dei due discepoli di Emmaus. Si allontanano da Gerusalemme col cuore intristito, delusi, soli. Il Signore risorto si fa loro compagno di viaggio, li conforta e racconta loro con le parole della Bibbia la sua «avventura di salvezza». Riconosciutolo dallo «spezzare il pane», i discepoli tornano con gioia a Gerusalemme dove annunciano la festa di un incontro che trasforma e che salva.

*Dal Vangelo secondo Luca* *(Lc 24, 13-35)*

Quello stesso giorno due discepoli stavano andando verso Emmaus, un villaggio lontano circa undici chilometri da Gerusalemme. Lungo la via parlavano tra loro di quel che era accaduto in Gerusalemme in quei giorni.

Mentre parlavano e discutevano, Gesù si avvicinò e si mise a camminare con loro. Essi però non lo riconobbero, perché i loro occhi erano come accecati. Gesù domandò loro: «Di che cosa state discutendo tra voi mentre camminate?». Essi allora si fermarono, tristi. Uno di loro, un certo Cleopa, disse a Gesù: «Sei tu l'unico a Gerusalemme a non sapere quel che è successo in questi ultimi giorni?». Gesù domandò: «Che cosa è successo?». Quelli risposero: «Il caso di Gesù, il Nazareno! Era un profeta potente davanti a Dio e agli uomini, sia per quel che faceva sia per quel che diceva. Ma i capi dei sacerdoti e il popolo l'hanno condannato a morte e l'hanno fatto crocifiggere. Noi speravamo che fosse lui a liberare il popolo d'Israele! Ma siamo già al terzo giorno da quando sono accaduti questi fatti. Una cosa però ci ha sconvolto: alcune donne del nostro gruppo sono andate di buon mattino al sepolcro di Gesù ma non hanno trovato il suo corpo. Allora sono tornate indietro e ci hanno detto di aver avuto una visione: alcuni angeli le hanno assicurate che è Gesù vivo. Poi sono andati al sepolcro altri del nostro gruppo e hanno trovato tutto come avevano detto le donne, ma lui, Gesù, non l'hanno visto».

Allora Gesù disse: «Voi capite poco davvero; come siete lenti a credere quel che i profeti hanno scritto! Il Messia non doveva forse soffrire queste cose prima di entrare nella sua gloria?». Quindi Gesù spiegò ai due discepoli i passi della Bibbia che lo riguardavano. Cominciò dai libri di Mosè fino agli scritti di tutti i profeti.

Intanto arrivarono al villaggio dove erano diretti, e Gesù fece finta di voler continuare il viaggio. Ma quei due discepoli lo trattennero dicendo: «Resta con noi perché il sole ormai tramonta». Perciò Gesù entrò nel villaggio per rimanere con loro. Poi si mise a tavola con loro, prese il pane e pronunziò la preghiera di benedizione; lo spezzò e cominciò a distribuirlo.
In quel momento gli occhi dei due discepoli si aprirono e riconobbero Gesù, ma lui sparì dalla loro vista. Si dissero l'un l'altro: «Noi sentivamo come un fuoco nel cuore, quando egli lungo la via ci parlava e ci spiegava la Bibbia!». Quindi si alzarono e ritornarono subito a Gerusalemme. Là trovarono gli undici discepoli riuniti con i loro compagni.
Questi dicevano: «Il Signore è risuscitato veramente ed è apparso a Simone». A loro volta i due discepoli raccontarono quel che era loro accaduto lungo il cammino, e dicevano che lo avevano riconosciuto mentre spezzava il pane.

## *Così rispondo al Signore che mi ha parlato*

– *Mentre parlavano e discutevano, Gesù si avvicinò e si mise a camminare con loro.*
– Signore, ti ringrazio perché non mi lasci mai solo nel mio cammino e ogni giorno mi sei compagno di viaggio, nella gioia e nelle difficoltà.

– *Essi si fermarono tristi.*
– Signore, ti ringrazio perché il tuo amore è più forte delle mie paure. Liberami da tutto ciò che mi rende infelice e fa' che oggi, giorno della tua risurrezio-

ne, questa gioia raggiunga anche i ragazzi e le ragazze meno fortunati di me.

– *Gesù disse: «Come siete lenti a credere quello che i profeti hanno scritto!». Quindi Gesù spiegò ai due discepoli i passi della Bibbia che lo riguardavano.*

– Signore, tu sai che anch'io sono "duro d'orecchie": la tua Parola mi scomoda e preferisco fingere di non sentirla. Aiutami oggi ad ascoltare con attenzione ciò che nella Messa vorrai dirmi e spiega anche a me, attraverso le parole del prete, ciò che riguarda la tua persona.

– *Arrivati al villaggio, i due discepoli lo trattennero dicendo: «Resta con noi perché il sole ormai tramonta!». Perciò Gesù entrò nel villaggio per rimanere con loro.*

– Signore, resta con me per tutto questo giorno! Donami la gioia della tua amicizia, non lasciare che oggi, con il peccato, mi allontani da te!

– *Gesù si mise a tavola con loro, prese il pane e pronunziò la preghiera di benedizione, lo spezzò e cominciò a distribuirlo. In quel momento gli occhi dei due discepoli si aprirono e riconobbero Gesù.*

– Signore, oggi tu siederai con me per la celebrazione dell'Eucaristia: il tuo Corpo donato, il tuo Sangue sparso per la mia salvezza! Aiutami a riconoscerti e fa' che, partecipando degnamente alla comunione, possa essere sempre più simile a te.

– *Si alzarono e ritornarono subito a Gerusalemme, dove raccontarono ciò che era loro accaduto lungo il cammino.*

– Signore, fa' che anch'io, oggi e in tutta questa settimana che incomincia, sia tuo testimone e racconti a quelli che incontrerò che tu ci vuoi bene e vivi sempre in mezzo a noi.

Padre nostro...

Ti prego, Signore,...
... fa' che in questo giorno la mia vita canti la tua gloria!

“Resta con noi, Signore,
perché il sole ormai tramonta”

*Domenica sera*

# UN CANTO D'AMORE MENTRE IL GIORNO SI CONCLUDE

## *Prego con un Salmo* *(Dal Salmo 139)*

O Signore, tu vedi in fondo al mio cuore:
se mi alzo o se siedo tu lo sai;
tu scruti i miei pensieri più segreti;
non ho ancora pronunciato una parola
e tu già la conosci perfettamente.

Tu mi stringi da ogni parte
e la tua mano è sopra di me.
Dove potrei andare lontano da te?
Dove potrei fuggire fuori dalla tua presenza?

Se salgo nei cieli, là io ti trovo;
se scendo nelle profondità della terra, là ci sei.
Se prendo le ali per raggiungere i confini del mare,
anche là la tua mano mi raggiunge.
Se dicessi: «Mi nasconderò nelle tenebre»,
sarebbe inutile, perché la notte non è buia per te,
ma risplende come il giorno.

Sei tu che mi hai formato nel grembo di mia madre;
ti ringrazio per quello che sono,
per quest'opera misteriosa e grande delle tue mani.

## *Intercessioni*

Gesù, in questo giorno, ci ha nutrito alla mensa della Parola e del Pane.
Riconoscenti, lo preghiamo dicendo:
*Resta con noi Signore!*

– Gesù, risorto dai morti per la nostra salvezza, fa' che il nostro cuore non si allontani da te:
*Resta con noi, Signore!*

– Gesù, vivo e presente tra noi, fa' che amiamo sempre la Chiesa che ci dona la Parola e il Pane del cielo:
*Resta con noi, Signore!*

– Gesù, maestro e pastore del tuo popolo, fa' che ascoltiamo e seguiamo il Papa e i Vescovi che ci annuncio il tuo Vangelo:
*Resta con noi, Signore!*

– Gesù, fonte di vita e di gioia, fa' che tutti gli uomini vivano nell'amore e nella pace:
*Resta con noi, Signore!*

Padre nostro...

## *A Maria*

Gloriosa Madre del Signore,
che nella fede hai accolto il Verbo fatto uomo,
e hai creduto nella risurrezione del tuo Figlio,
morto per noi,
tu, Vergine pia, sei difesa alla nostra fede.

*oppure:*

O santa Madre del Redentore,
porta dei cieli, stella del mare:
soccorri il tuo popolo che anela a risorgere!

“Guidami, o Dio,
e mostrami la tua via”

*Lunedì mattina*

# IL SIGNORE TI DONA UN NUOVO GIORNO

## *Invitatorio*

*Lasciati guidare dal tuo Signore!*

Ascolta, o Signore, le mie parole,
esaudisci le mie invocazioni.
Al mattino rivolgo a te la mia preghiera
e ti affido la mia giornata.

Quanto io farò in questo giorno,
gioco e studio, pensiero e preghiera,
sia suggerito da te.
Guidami, o Dio, nella tua giustizia
e mostrami la tua via.

O Signore, ascolta la mia parola
e benedici la mia giornata
perché possa essere a te gradito
e seguire la via indicata da te.

A te sia gloria, o Signore,
oggi e sempre.

## *Dal Salmo 18*

*Il Signore guida e sostiene il tuo cammino*

Può esservi un altro Dio che non sia
il Signore nostro?
Può esservi roccia più forte di Dio?

È lui che ci dà la forza,
e rende sicuro il nostro cammino.
È lui che fa i nostri piedi
più agili di quelli delle cerve.

E ci fa stare diritti, sulle cime più alte;
le mani pronte alla lotta
e le braccia forti contro il male.

Dio è la speranza
che fa intrepido il nostro cuore.

# *Apri, Signore, il mio cuore perché ti ascolti*

## *Talenti da far fruttificare*

Il Signore è generoso nell'elargire i suoi doni, e lo fa tenendo conto delle capacità di ciascuno. Spetta ora a noi "far fruttificare" quei "talenti" che abbiamo ricevuto. Non basta custodire gelosamente quanto il Signore ci ha dato: occorre saperci mettere al servizio di tutti, per la costruzione del suo Regno, perché ciascuno possa godere di quanto lo raggiunge anche per nostro mezzo.

*Dal Vangelo secondo Matteo* *(Mt 25, 14-30)*

Un uomo doveva fare un lungo viaggio: chiamò dunque i suoi servi e affidò loro i suoi soldi. A uno consegnò cinquecento monete d'oro, a un altro duecento e a un altro cento: a ciascuno secondo le sue capacità. Poi partì.
Il servo che aveva ricevuto cinquecento monete andò subito a investire i soldi in un affare, e alla fine guadagnò altre cinquecento monete. Quello che ne aveva ricevute duecento fece lo stesso, e alla fine ne guadagnò altre duecento. Quello invece che ne aveva ricevute soltanto cento scavò una buca in terra e vi nascose i soldi del suo padrone.
Dopo molto tempo il padrone tornò a casa e cominciò a fare i conti con i suoi servi. Venne il primo, quello che aveva ricevuto cinquecento monete d'oro, portò anche le altre cinquecento e disse: «Signore, tu mi avevi consegnato cinquecento monete. Guarda: ne ho guadagnate altre cinquecento». E il padrone gli disse: «Bene, sei un servo bravo e fedele! Sei stato fedele in cose da poco, ti affiderò cose più importanti. Vieni a partecipare alla gioia del tuo signore!».

Poi venne quello che aveva ricevuto duecento monete e disse: «Signore, tu mi avevi consegnato duecento monete d'oro. Guarda: ne ho guadagnate altre duecento». E il padrone gli disse: «Bene, sei un servo bravo e fedele! Sei stato fedele in cose da poco, ti affiderò cose più importanti. Vieni a partecipare alla gioia del tuo signore!».
Infine venne quel servo che aveva ricevuto solamente cento monete d'oro e disse: «Signore, io sapevo che sei un uomo duro, che raccogli anche dove non hai seminato e che fai vendemmia anche dove non hai coltivato. Ho avuto paura, e allora sono andato a nascondere i tuoi soldi sotto terra. Ecco, te li restituisco». Ma il padrone gli rispose: «Servo cattivo e fannullone! Dunque sapevi che io raccolgo dove non ho seminato e faccio vendemmia dove non ho coltivato. Perciò dovevi almeno mettere in banca i miei soldi e io, al ritorno, li avrei avuti indietro con l'interesse. Via, toglietegli le cento monete e datele a quello che ne ha mille. Perché, come dice il proverbio, chi ha molto riceverà ancora di più e sarà nell'abbondanza; chi ha poco, gli porteranno via anche quel poco che ha. E questo servo inutile gettatelo fuori, nelle tenebre: là piangerà come un disperato».

## *Così rispondo al Signore che mi ha parlato*

– *Un uomo doveva fare un lungo viaggio, chiamò i suoi servi e affidò loro i suoi soldi.*

– O Padre, tu affidi a me i tuoi doni! Proprio a me che tante volte ti ho messo da parte! Ti ringrazio perché anche questa settimana mi rinnovi la tua fiducia.

*– A uno consegnò cinquecento monete d'oro, ad un altro duecento e ad un altro cento: a ciascuno secondo le sue capacità.*

– O Padre, a volte mi accorgo di invidiare i miei compagni e le mie compagne perché mi sembra che abbiano più di me: sono più simpatici, più intelligenti, più... belli! Ma anche a me hai dato quanto basta perché io sia felice e realizzi fino in fondo la mia vita. Fa' che non dimentichi mai di ringraziarti!

*– Il servo che aveva ricevuto cinquecento monete andò subito ad investire i suoi soldi in un affare e alla fine guadagnò altre cinquecento monete.*

– Questa settimana avrò tante occasioni per mettere a frutto le mie capacità: la scuola, le attività sportive, la mia vita in famiglia, i miei incontri con gli amici e le amiche. Aiutami, o Padre, a non sprecare nessuna delle occasioni che mi darai.

*– Il servo che aveva ricevuto cento monete d'oro disse: «Signore, io sapevo che sei un uomo esigente. Ho avuto paura e allora sono andato a nascondere i tuoi soldi sotto terra. Ecco, te li restituisco».*

– Com'è facile lasciarsi vincere dalla paura! Anch'io, a volte, mi sento incapace di affrontare le difficoltà delle mie giornate. Quando "mi sento giù" aiutami, o Padre buono, a non perdere il coraggio, a guardare avanti con fiducia, a non aver paura di te neppure quando sbaglio e non sono fedele ai tuoi insegnamenti. So che, con il tuo aiuto, ce la farò!

Padre nostro...

Ti prego, Signore,...
... fa' che viva questo giorno come dono da far fruttificare!

“Beato chi si rifugia nel Signore”

*Lunedì sera*

## PRIMA DI VOLTARE PAGINA: UN GRAZIE A TE, SIGNORE, CHE CI RIEMPI DI GIOIA!

## *Prego con un Salmo*

*(Dal Salmo 33)*

Benedirò il Signore in ogni tempo,
sempre la mia bocca canterà le sue lodi.
Nel Signore si glorierà l'anima mia:
ogni spirito umile mi ascolti
e si rallegri con me.

Innalzate con me lodi al Signore,
esaltiamo insieme il suo nome:
ho cercato il Signore, mi ha risposto,
da ogni timore mi ha liberato.

Gustate e vedete come è buono il Signore:
felice chi in lui si rifugia.
Chi desidera ricchezze non sarà mai sazio:
non manca invece nulla a chi cerca il Signore.

## *Intercessioni*

Dio Padre dona a ogni bimbo che nasce, a ogni ragazzo che cresce i suoi talenti, segno del suo grande amore. Lo preghiamo dicendo:
*Per i tuoi doni, ti ringraziamo, Padre!*

– Grazie per i piccoli e grandi doni che ci hai fatto; fa' che questi semi possano crescere con il nostro impegno e dare tanti frutti:
*Per i tuoi doni, ti ringraziamo, Padre!*

– Grazie perché ci hai donato Gesù, che si è fatto nostro fratello e servo per amare tutti gli uomini; fa' che sappiamo impegnarci nei nostri ambienti di vita, in famiglia, a scuola, nel gruppo e in ogni attività per dare il meglio di noi stessi:
*Per i tuoi doni, ti ringraziamo, Padre!*

– Fa' che abbiamo il coraggio di prendere come modello e guida del nostro cammino cristiano il tuo Figlio Gesù, che ha dato la vita per noi:
*Per i tuoi doni, ti ringraziamo, Padre!*

Padre nostro...

## *A Maria*

Ave, o Vergine Madre,
ave, o porta del paradiso:
tu ridoni Dio al mondo
e ci riapri il cielo.

*oppure:*

Ave, Maria!
Tu, accogliendo il saluto dell'angelo,
nello stupore di tutto il creato,
hai generato il tuo Creatore:
Madre sempre vergine,
pietà di noi peccatori!

“Il Signore è mio pastore,
ad acque ristoratrici mi conduce”

*Martedì mattina*

# SE IL BUON GIORNO COMINCIA DAL MATTINO...

## *Invitatorio*

*Accogli il Signore che oggi ti vuole parlare!*

Tu mi chiami a crescere, a sviluppare le doti che mi hai dato: la forza, l'intelligenza, la volontà:
*parla, Signore, il tuo servo ti ascolta!*

Tu mi chiami a essere leale, sincero, coraggioso:
*parla, Signore, il tuo servo ti ascolta!*

Tu mi chiami a essere generoso, a saper donare agli altri le mie cose:
*parla, Signore, il tuo servo ti ascolta!*

Tu mi chiami a portare gioia nella mia famiglia, fra i miei compagni:
*parla, Signore, il tuo servo ti ascolta!*

Tu mi chiami a voler bene ai miei genitori, ai miei fratelli, ai poveri, a tutti gli uomini:
*parla, Signore, il tuo servo ti ascolta!*

## *Dal Salmo 23*

*Il Signore è guida della nostra vita*

Il Signore è mio pastore:
non manco di nulla.
In pascoli di erbe fresche mi fa riposare;
ad acque ristoratrici mi conduce,
conforta l'anima mia.

Mi guida sul giusto cammino.

Se anche vado in una valle oscura
non temo alcun male,

perché tu sei con me,
o Signore:
il tuo bastone mi guida con sicurezza.

Il tuo amore e la tua bontà
mi accompagnano ogni giorno della mia vita;
abiterò nella tua casa per sempre.

## *Ascolto il Signore che mi vuole parlare*

### *Tutti i credenti vivevano insieme*

Un occhio attento alla prima comunità dei credenti. Essi vivono con gioia la fraternità e l'amicizia, sanno ascoltare la Parola di Dio e partecipano con costanza alla celebrazione dell'Eucaristia.
Hanno un cuore generoso (sanno condividere le loro ricchezze e le capacità che possiedono); vivono la gioia della preghiera comune e non si spaventano di fronte alle difficoltà o alle persecuzioni. Sono stimati da tutti perché sanno essere veri discepoli del Signore.

*Dagli Atti degli Apostoli* *(At 2, 42-48)*

Essi ascoltavano con assiduità l'insegnamento degli apostoli, vivevano insieme fraternamente, partecipavano alla Cena del Signore e pregavano insieme.
Dio faceva molti miracoli e prodigi per mezzo degli apostoli: per questo ognuno era preso da timore. Tutti i credenti vivevano insieme e mettevano in comune tutto quello che possedevano. Vendevano le loro proprietà e i loro beni e distribuivano i soldi fra tutti, secondo le necessità di ciascuno.

Ogni giorno, tutti insieme, frequentavano il tempio. Spezzavano il pane nelle loro case e mangiavano con gioia e semplicità di cuore. Lodavano Dio, ed erano benvisti da tutta la gente. Di giorno in giorno il Signore faceva crescere il numero di quelli che giungevano alla salvezza.

## *Così rispondo al Signore che mi ha parlato*

– *Essi ascoltavano con assiduità l'insegnamento degli apostoli, vivevano insieme fraternamente, partecipavano alla Cena del Signore e pregavano insieme.*

– Ti ringrazio, o Dio, perché mi hai chiamato a far parte della comunità dei tuoi figli! Anche se nella mia parrocchia o nel mio gruppo non sempre si vive fino in fondo sull'esempio della prima comunità cristiana, tuttavia sono contento di essere anch'io un membro della tua Chiesa, la famiglia di coloro che il tuo Figlio ha redento con il suo sangue.

– *Tutti i credenti vivevano insieme e mettevano in comune tutto quello che possedevano.*

– Ti ringrazio, o Dio, perché anche nella mia comunità cristiana molti mettono a disposizione il loro tempo, le loro capacità, i loro averi per il bene di tutti. Penso ai miei sacerdoti, ai catechisti, alle religiose e a tanti che hanno preso sul serio il tuo Vangelo. Aiutami a ricambiare questa generosità.

– *Ogni giorno, tutti insieme, frequentavano il tempio. Spezzavano il pane nelle loro case e mangiavano con gioia e semplicità di cuore.*

– Ti ringrazio, o Dio, perché anche a me dai la possibilità di pregare insieme con gli altri credenti nelle chiese che i nostri padri hanno costruito. Ma delle belle mura senza persone che si amano valgono poco! Fa' che io ami sinceramente la mia comunità di fede.

– *Lodavano Dio ed erano ben visti da tutta la gente.*
– Ti ringrazio, o Dio, perché sei buono e... sei Dio! Aiuta me e tutti i miei amici a dimostrare con le opere di questa giornata che la vita cristiana è bella e merita tutto il nostro impegno.

Padre nostro...

Ti prego, Signore,...
... rendimi oggi attento alla tua parola!

"Nel Signore confida il mio cuore"

*Martedì sera*

# DICIAMO GRAZIE AL SIGNORE PER I SUOI DONI

## *Prego con un Salmo* *(Dal Salmo 28)*

Benedetto il Signore che ha ascoltato
la voce della mia supplica.

Il Signore è mia potenza e mio scudo,
in lui confida il mio cuore:
per lui esulta il mio cuore,
con il mio canto gli rendo grazie.

## *Intercessioni*

Gesù ha proclamato beati i costruttori di pace e i misericordiosi. Lo preghiamo dicendo:
*Signore Gesù, donaci la tua pace!*

– Fa' che ci rivestiamo di sentimenti di misericordia, di bontà, di pazienza:
*Signore Gesù, donaci la tua pace!*

– Aiutaci a saper donare comprensione, aiuto, consiglio a chi ne ha bisogno:
*Signore Gesù, donaci la tua pace!*

– Fa' che sappiamo condividere i nostri beni con chi ha meno di noi:
*Signore Gesù, donaci la tua pace!*

– Aiutaci a superare i desideri di vendetta, l'orgoglio di essere sempre i primi, che tante volte abbiamo nel nostro cuore:
*Signore Gesù, donaci la tua pace!*

Padre nostro...

## *A Maria*

Te beata, o Maria,
che accogliendo l'annuncio dell'angelo
sei diventata Madre del Verbo;
te beata, o Maria,
che meditando nel silenzio del cuore
le parole celesti
sei diventata discepola del divino Maestro.

*oppure:*

Ave, Regina dei cieli;
ave, signora degli angeli:
porta e radice della salvezza,
hai portato nel mondo Gesù, nostra luce!

"Il Signore ti copre
di amore e di tenerezza"

*Mercoledì mattina*

# PER FARE "SANTA" TUTTA QUESTA GIORNATA

## *Invitatorio*

*Accetta che lo Spirito Santo*
*oggi ti conduca sulla via del bene*

O Spirito Santo,
ti chiedo il dono della fortezza:
per saper affrontare le difficoltà,
per vincere la mia pigrizia, il mio egoismo,
il mio orgoglio.
Per accettare me stesso con i miei difetti
e i miei limiti,
per sopportare con serenità le prove.
Per accettare la tua volontà su di me
e crederla buona.

## *Dal Salmo 103*

*Dio è pietà e tenerezza*

Anima mia, benedici il Signore,
non dimenticare nessuno dei suoi benefici.

Egli perdona tutti i tuoi peccati,
guarisce tutte le tue malattie,
ti copre di amore e di tenerezza,
non conserva rancore per nostri peccati,
non restituisce il male per il male.

Come il cielo si eleva al di sopra della terra,
così egli è buono con chi lo teme.
Ha pietà di noi come un Padre compassionevole,
perché sa bene di che cosa siamo formati,
e si ricorda che siamo polvere.

Dio ha il suo trono nel cielo,
ma è presente dovunque.

Benedite il Signore, voi angeli suoi,
sempre docili alla sua Parola;
Benedite il Signore, opere sue,
dai confini di tutta la terra.

Anima mia, benedici il Signore,
ora e per tutta l'eternità.

## *Oggi Gesù vuole incontrarmi e mi dice...*

### *Missionari del Vangelo*

Gesù invia i discepoli a predicare il Vangelo nei villaggi della Palestina. Li equipaggia ben bene dando loro «speciali poteri» per operare guarigioni e liberare dal demonio; ma chiede loro anche grande libertà. Non siano attaccati alle cose umane (la ricchezza, la sicurezza data da tanti mezzi, la preoccupazione del cibo o del nutrimento). Sappiano invece accogliere con povertà quanto viene loro offerto e invitino tutti a «prendere sul serio» il messaggio del Vangelo.

*Dal Vangelo secondo Luca* *(Lc 9, 1-6)*

Gesù riunì i dodici e diede loro autorità sugli spiriti maligni e il potere di guarire le malattie. Poi li mandò ad annunziare il regno di Dio e a guarire i malati. Disse loro: «Quando vi mettete in viaggio non prendete nulla: né bastone, né borsa, né pane, né denaro e non portate un vestito di ricambio. E quando entrate in una casa fermatevi là finché non è ora di andarvene da quella città. Se gli abitanti di un villaggio non vi accolgono, lasciate quel villaggio

e scuotete via la polvere dai piedi: sarà un gesto di minaccia contro di loro».
Allora i discepoli partirono e passavano di villaggio in villaggio annunziando dovunque il messaggio del Vangelo e guarendo i malati.

## *Così rispondo al Signore che mi ha parlato*

– *Gesù riunì i dodici discepoli e diede loro l'autorità sugli spiriti maligni e il potere di guarire le malattie.*

– Anch'io, se voglio posso vincere il male che c'è in me e attorno a me, e posso guarire tante malattie: la tristezza di un mio compagno, la stanchezza dei miei genitori, la solitudine di un anziano...

Eccomi, Signore, manda anche me!

– *Poi li mandò ad annunciare il regno di Dio.*

– Anch'io, oggi, posso testimoniare il tuo regno, impegnandomi a costruire la pace, vivendo nell'attenzione al mio prossimo, evitando parole e discorsi volgari...

Eccomi, Signore, manda anche me!

– *Quando vi mettete in viaggio non prendete nulla.*

– Anch'io, oggi, devo scegliere: o fidarmi di te, della tua grazia, del tuo amore, oppure illudermi di riuscire da solo a essere migliore. Mi appoggio sulla tua forza, Signore!

Eccomi, Signore, manda anche me!

– *Se gli abitanti di un villaggio non vi accolgono, lasciate quel villaggio e scuotete via la polvere dai piedi.*

– Anch'io mi accorgo molte volte che il tuo Vangelo non viene accolto facilmente: ci sono tante altre proposte più facili e allettanti! Fa' che non mi scoraggi mai di fronte agli insuccessi e aiutami a essere fedele a te anche se dovrò rimanere solo.

Eccomi, Signore, manda anche me!

Padre nostro...

Ti prego, Signore,...
... fa' che in questa giornata mi lasci guidare dallo Spirito di Gesù!

“Mi metti tanta gioia in cuore
che nessuna ricchezza al mondo può dare”

*Mercoledì sera*

# RACCOGLIAMO I FRUTTI DELLA GIORNATA PER CONSEGNARLI AL SIGNORE, NOSTRO CUSTODE

## *Prego con un Salmo* *(Dal Salmo 4)*

Dice la gente: «Chi ci farà felici?».
Quando la luce del tuo volto m'illumina,
mi metti tanta gioia in cuore
che nessuna ricchezza al mondo può dare.

Alla fine di un'altra giornata
mi stendo per il riposo
e nella tua pace mi addormento.
Tu mi dai sicurezza e gioia!

## *Intercessioni*

Dio Padre ha mandato nel mondo il Figlio, la sua Parola Vivente; Gesù, il Figlio, ha mandato gli Apostoli per continuare l'annuncio della salvezza. Preghiamo dicendo:
*Manda anche noi, Signore,*
*a proclamare il tuo amore.*

– Signore, che hai voluto la Chiesa missionaria, fa' che ogni ragazzo e ogni ragazza siano missionari nella vita di ogni giorno, portando con gioia il tuo messaggio. Noi ti preghiamo:
*Manda anche noi, Signore,*
*a proclamare il tuo amore.*

– Signore, che vuoi che tutti gli uomini ti conoscano e ti amino, non lasciare mancare uomini e donne che portino il tuo Vangelo ai fratelli che ancora non ti conoscono. Noi ti preghiamo:
*Manda anche noi, Signore,*
*a proclamare il tuo amore.*

– Signore, che sei venuto a seminare il seme della tua Parola, concedi un raccolto abbondante agli operai del Vangelo. Noi ti preghiamo:
*Manda anche noi, Signore,*
*a proclamare il tuo amore.*

– Signore, che hai scelto Pietro come capo degli Apostoli, sostieni il Papa nei suoi viaggi missionari; donagli coraggio e forza nel testimoniare la Verità. Noi ti preghiamo:
*Manda anche noi, Signore,*
*a proclamare il tuo amore.*

Padre nostro...

## *A Maria*

Sei beata, o Santa Maria,
Vergine sapiente,
che hai portato nel tuo grembo
il Verbo della verità;
sei beata, Vergine prudente,
che hai scelto la parte migliore.

*oppure:*

Sotto la tua protezione cerchiamo rifugio,
santa Madre di Dio:
liberaci da ogni pericolo,
o Vergine gloriosa e benedetta!

"Noi ci teniamo alla tua amicizia,
senza di te non si può vivere"

*Giovedì mattina*

# «FAI IL PIENO» PRIMA DI INCOMINCIARE

## *Invitatorio*

*Fin dal mattino affidati al Signore!*

Gesù, aiutaci a restare uniti a te
come il tralcio alla vite,
a non separarci mai da te.

Noi ci teniamo alla tua amicizia.
Senza di te la nostra vita non ha senso;
senza di te non si può fare nulla,
senza di te non si può vivere.

Anche se ci allontaniamo da te, vieni tu a cercarci.
Sii per noi, ti preghiamo, l'amico insostituibile,
l'unico degno di fiducia e di amore.
Amen.

## *Dal Salmo 119*

*È il Signore che ci conduce sulla strada del bene.*

Come può un ragazzo seguire la strada diritta?
Osservando la tua parola.
Cerco te con tutto il cuore:
conservami fedele alla tua legge.

Benedetto sei tu, o Signore!
Insegnami la tua volontà.

Ripeto con le mie labbra
le parole della tua bocca.
Nel fare la tua volontà
ho gioia più che per ogni ricchezza.

Custodisco in cuore la tua legge
per camminare sulla tua strada.
La tua parola è lampada ai miei passi,
è luce sul mio sentiero.

## *Gesù passa oggi e mi parla*

### *Un uomo coraggioso*

Il Signore chiama ancora, oggi come ieri, uomini e donne disposti a seguirlo, a diventare discepoli, a scegliere lui «a tempo pieno».
Levi-Matteo abbandona il suo lavoro e con coraggio va con Gesù. Diventerà un apostolo, saprà convertirsi e darà la sua vita per Cristo. Al Signore che chiama (e non fa differenza fra le persone, ma tutti accoglie) occorre dare una risposta generosa.
Quanto siamo disposti a dare di nostro? Il Signore non ha forse chiamato anche noi a seguirlo?

*Dal Vangelo secondo Matteo* *(Mt 9, 9-13)*

Passando per la via, Gesù vide un uomo, un certo Matteo, il quale stava seduto dietro il banco dove si pagavano le tasse. Gesù disse: «Vieni con me!», e quello si alzò e cominciò a seguirlo.
Più tardi, Gesù si trovava in casa di Matteo a mangiare. Erano venuti anche certi agenti delle tasse e altre persone di cattiva reputazione e si erano messi a tavola insieme con Gesù e i suoi discepoli.
Vedendo questo fatto, i farisei dicevano ai suoi discepoli: «Perché il vostro maestro mangia con quelli delle tasse e con gente di cattiva reputazione?». Gesù sentì e rispose: «Le persone sane non hanno bisogno del medico; ne hanno bisogno invece i malati. Andate a imparare che cosa significa quel che Dio dice nella Bibbia: "Voglio la misericordia, non i sacrifici". Perché io non sono venuto a chiamare quelli che si credono giusti, ma quelli che si sentono peccatori».

## *Così rispondo al Signore che mi ha parlato*

– *Passando per la via, Gesù vide un uomo, un certo Matteo.*
– Tu vedi anche me, o Signore, e conosci il mio nome! Niente di ciò che faccio è insignificante per te: io ti ringrazio!

– *Gesù disse: «Vieni con me!», e quello si alzò e cominciò a seguirlo.*
– Tu chiami a esserti amico e amica anche chi non sembra degno di stare con te. Tu chiami anche me – che ho tanti difetti! – perché vuoi darmi il tuo amore: fa' che io non dica di no!

– *Gesù disse ai farisei: «I sani non hanno bisogno del medico; i malati invece ne hanno bisogno».*
– È vero, Gesù: anch'io sono malato e ho bisogno di te! Aiutami oggi a riconoscere la tua presenza di medico che cura le mie infermità, e rendimi sempre più sano!

– *Disse Gesù: «Andate a imparare che cosa significa quello che Dio dice nella Bibbia: Io desidero la misericordia non i sacrifici».*
– Tu vuoi che io oggi porti generosità, accoglienza, perdono tra i miei familiari, amici, compagni. Lo so che è difficile, ma voglio provarci ancora: ti prego, aiutami!

E se chiamassi anche me a seguirti più da vicino in una via di particolare consacrazione? Avrò il coraggio di Matteo: lasciare i miei progetti per venire con te? Col tuo aiuto, nulla è impossibile!

Padre nostro...

Ti prego, Signore,...
... accompagnami, perché non mi separi mai da te!

“Vicino a Te
felicità senza
fine”

*Giovedì sera*

# LE STELLE STANNO A GUARDARE: NOI INTANTO TI RENDIAMO GRAZIE, SIGNORE!

## *Prego con un Salmo* *(Dal Salmo 16)*

Proteggimi, o Dio: in te mi rifugio.
Ho detto al Signore:
« Sei tu il mio Dio: fuori di te non ho altro bene! ».

Un tempo adoravo gli dei del paese,
confidavo nel loro potere.
Ora pensino altri a fare nuovi idoli,
io con le mie labbra non dirò più il loro nome!

Sei tu, Signore, la mia eredità:
il mio destino è nelle tue mani.
Ti tengo sempre davanti agli occhi,
con te vicino non cadrò mai:
per questo il mio cuore è pieno di gioia!

Mi mostrerai la via che porta alla vita:
davanti a te pienezza di gioia,
vicino a te felicità senza fine!

*oppure:* *(Dal Salmo 73)*

Mi hai prescelto, Signore,
mi tieni sempre con te, e,
tenendomi per la destra,
mi conduci alla tua gloria.

Chi altri cercare, in cielo, se non te?
Chi altri amare sulla terra?
Veramente, la mia sola,
unica felicità sei tu, mio Dio!

## *Intercessioni*

Gesù che ha chiamato Matteo per nome, chiama anche noi. Per questo lo preghiamo dicendo:
*Tu, Signore, ci chiami all'impegno!*

– Signore, metti nel nostro cuore una grande gioia di vivere, perché sappiamo accogliere il tuo progetto d'amore su ciascuno di noi:
*Tu, Signore, ci chiami all'impegno!*

– Signore, che hai dato a tutte le creature un posto, una meta, fa' che anche noi, sostenuti dalla tua grazia, sappiamo, riconoscere il nostro posto e lo scopo della nostra vita:
*Tu, Signore, ci chiami all'impegno!*

– Signore, allontana da noi ogni forma di egoismo, perché abbiamo il coraggio di mettere la nostra vita a disposizione degli altri:
*Tu, Signore, ci chiami all'impegno!*

– Signore, che hai chiamato gli Apostoli a seguirti più da vicino, dona alla tua Chiesa vocazioni sacerdotali e religiose:
*Tu, Signore, ci chiami all'impegno!*

Padre nostro...

## *A Maria*

Sei degna di ogni lode,
Santa Vergine Maria,
che splendi come faro nella Chiesa;
da te è sorto Cristo, nostro Dio.

*oppure:*

Esulta santa Vergine, Madre di Cristo!
Tu sei la scala celeste che scese l'Eterno;
il ponte, che porta gli uomini al cielo:
tu sei il primo prodigio di Cristo!

“Purificami e diverrò
più bianco della neve”

*Venerdì mattina*

# RIEMPI DI SPLENDORE, O DIO, QUESTO TUO TEMPIO!

## *Invitatorio*

*Viene il Signore a rinnovare il tuo cuore:*
*fagli posto dentro di te!*

Signore Dio nostro,
ciò che s'aggroviglia nel profondo
del nostro essere,
tu lo conosci perfettamente.

Perdonaci perché preferiamo il vento del peccato
e ci chiudiamo al tuo soffio
che vuol seminare in noi la bellezza.

Noi ti supplichiamo,
malgrado le nostre pigrizie e le scelte sbagliate,
malgrado i nostri cuori,
tentati da troppe cupidigie:

il tuo Spirito continui a inviare su di noi
il soffio della tenerezza, più forte dell'indifferenza;
il dono della fede, più forte del dubbio;
la gioia del dono di sé, più forte dell'egoismo;
lo slancio del coraggio, più forte del silenzio
di chi ha paura.

## *Dal Salmo 51*

*Lodiamo il Signore che ci fa nuovi!*

Pietà di me, mio Dio! Nella tua bontà,
nella tua infinita tenerezza
cancella il mio peccato.

Lavami dalle colpe, purificami dai miei errori,
perché riconosco i miei peccati:
ho sempre presenti le mie colpe.

Contro di te, contro te solo ho peccato
e ho commesso quello che è male ai tuoi occhi.
Se mi rimproveri hai ragione:
tu vuoi ristabilire la verità fino in fondo.

Insegnami, dunque, la tua sapienza;
purificami e diverrò puro;
lavami e diverrò più bianco della neve.

Donami, o Dio, un cuore puro;
accendi in me una volontà decisa.
Non respingermi dalla tua presenza,
non ritrarre da me il tuo Spirito.

Ridona la gioia alla mia anima:
così canterò la tua lode.
Accetta il mio cuore pentito:
questa è la mia offerta:
tu non disprezzi chi ritorna con il cuore spezzato.

Pietà di me, mio Dio!

## *Parla, Signore: il tuo servo ti ascolta*

### *Decidersi per...*

Giosuè chiama tutto il popolo di Israele alla conversione, a ritrovare la fiducia nel Signore e a seguirlo con decisione.
Egli ricorda le meraviglie che Dio ha operato per strappare il suo popolo dalla schiavitù dell'Egitto e condurlo nella terra di Israele. È il momento di accogliere con gioia gli inviti del Signore rinunciando agli idoli. Si deve fare una scelta decisiva, perché stare con Dio è fonte di gioia e di grande sicurezza.

*Dal Libro di Giosuè* *(Gs 24, 1-2.14-17.18)*

Giosuè radunò tutte le tribù di Israele a Sichem. Chiamò gli anziani d'Israele, i capi, i giudici e i responsabili del popolo ed essi si recarono alla presenza del Signore. Giosuè disse a tutto il popolo: « Questo è il messaggio del Signore, Dio di Israele:
"Dedicatevi sinceramente al Signore e servitelo fedelmente. Togliete di mezzo a voi gli idoli che i vostri antenati hanno adorato in Mesopotamia e in Egitto. Servite soltanto il Signore. Se invece non volete servire il Signore, decidete oggi chi volete servire".
Io e la mia famiglia abbiamo deciso: serviremo il Signore! ».
Il popolo rispose: « Come potremmo decidere di lasciare il Signore per seguire altri dèi? Il Signore nostro Dio ha fatto uscire noi e i nostri padri dall'Egitto, dove eravamo schiavi. Abbiamo visto con i nostri occhi tutte le cose meravigliose che ha fatto. Ci ha protetti durante il lungo cammino fra tutti i popoli dove siamo passati. Perciò anche noi vogliamo servire il Signore. È lui il nostro Dio! ».

## *Così rispondo al Signore che mi ha parlato*

– *Dice il Signore: « Io vi ho fatto uscire dall'Egitto e vi ho donato la terra promessa! ».*
– È vero, Signore: tutto ciò che possiedo è un tuo dono. Fa' che ti renda grazie non solo con le parole della mia preghiera, ma anche con le azioni della mia giornata: io voglio servire te, Signore!

– *Disse Giosuè: «Se vi dispiace servire il Signore, sceglìete oggi chi volete servire: se gli dèi che i vostri padri servirono oltre il fiume, oppure gli dèi degli Amorrei, nel paese dei quali abitate».*

– Anch'io, a volte, vorrei servire altri dèi: i miei comodi, il mio divertimento, le mie voglie. Ma so che questi dèi mi renderebbero schiavo, e allora: io voglio servire te, Signore!

– *Giosuè disse al popolo: «Voi non potrete servire il Signore perché è un Dio santo, un Dio geloso; egli non perdonerà le vostre trasgressioni e i vostri peccati. Se abbandonerete il Signore e servirete dèi stranieri, egli vi si volterà contro e, dopo avervi fatto tanto bene, vi farà del male e vi consumerà».*

– Lo so, Signore, che è non sempre facile esserti fedele. Anche oggi dovrò vincere tentazioni e prove. Ma io so che tu hai mandato nel mondo il tuo Spirito perché ci sostenga nel cammino verso il cielo. Per questo ti ripeto: io voglio servire te, Signore!

– *Giosuè disse al popolo: «Se vi dispiace servire il Signore, sceglìete oggi chi volete servire. Quanto a me, alla mia casa, vogliamo servire il Signore».*

– Tanti miei amici hanno scelto di seguire strade diverse da quella che tu ci hai insegnato. Forse capita anche a me di pensare che hanno fatto bene e che sono più liberi... Ma poi capisco che, senza di te, la mia vita sarebbe vuota e allora ti dico: io voglio servire te, Signore!

Padre nostro...

Ti prego, Signore,...
... guidami, e rinnova il mio cuore!

“Il Signore vigila sempre su di te”

*Venerdì sera*

# SIGNORE, COSA ABBIAMO DA OFFRIRTI QUESTA SERA?

## *Prego con un Salmo* *(Dal Salmo 121)*

Alzo gli occhi al cielo;
chi verrà in mio aiuto?
Dio che ha fatto il cielo e la terra,
è il mio unico aiuto.

Egli non lascia inciampare il mio piede;
è custode fedele, non s'addormenta,
Dio non riposa, non dorme mai:
egli è custode fedele del suo popolo.

Il Signore ti custodisce,
ti copre con la sua ombra;
vigila sempre alla tua destra,
ti preserva dal male.

Ti guida quando parti,
ti precede quando torni:
egli vigila sempre su di te.

## *Intercessioni*

Gesù, morendo sulla croce, ha ridato al mondo la speranza e la vita. Preghiamo dicendo:
*Signore, ascolta la nostra preghiera!*

– Perché sappiamo sempre riconoscere, nelle nostre azioni quotidiane, la via del bene e superare i pericoli del nostro egoismo, preghiamo:
*Signore, ascolta la nostra preghiera!*

– Perché non ci scoraggiamo per i nostri peccati, ma guardiamo con fiducia al tuo amore di Padre che ci perdona, preghiamo:
*Signore, ascolta la nostra preghiera!*

– Perché ci accostiamo con gioia al Sacramento della Riconciliazione che ci ridona l'amicizia con i fratelli, preghiamo:
*Signore, ascolta la nostra preghiera!*

– Perché gli uomini mettano da parte l'odio e la violenza e seguano la via della riconciliazione, preghiamo:
*Signore, ascolta la nostra preghiera!*

Padre nostro...

## *A Maria*

Salve, Santa Maria,
specchio senza macchia,
in te la Chiesa vede l'immagine purissima
della sua gloria futura.

*oppure:*

Vergine fedele,
insegnaci a vivere nell'ascolto della Parola,
a essere docili alla voce dello Spirito,
a saper vedere la presenza di Dio
nella vita dei fratelli
e negli avvenimenti della storia!

“Fa’ che io ti piaccia in tutto”

*Sabato mattina*

# PER GIOCARE OGGI UNA CARTA VINCENTE...

## Invitatorio

*Il Signore è qui e ti chiama!*

Come Maria, all'annuncio dell'Angelo,
fa', o Signore,
che lungo la giornata che tu mi doni,
io possa dirti:
«Eccomi, sono la serva del Signore,
avvenga di me quello che tu vuoi!».

Fa' che io ti piaccia in tutto!
Nei momenti di impegno, come in quelli di gioia,
nei tempi di fatica e in quelli di svago.

Disponi il mio cuore
a riconoscerti nelle persone
che oggi tu vuoi
che io ami, serva, soccorra.

## Dal Salmo 62

*Luce del nostro giorno è il Signore!*

Signore, tu sei il mio Dio:
ti cerco fin dall'aurora.
Come la terra polverosa e arida ha sete d'acqua,
così ho sete di te, mio Dio.

Voglio contemplarti nel tuo splendore;
vedere la tua potenza e la tua gloria.
Il tuo amore vale più della vita,
canterò la tua misericordia.

Voglio adorarti ogni giorno;
e ogni notte, quando mi sveglio, penso a te:
a te, Salvatore, che mi sostieni con la tua destra
mentre, all'ombra delle tue ali,
esulto di grande gioia.

## *Gesù mi parla nel suo Vangelo*

### *Maria, la donna del sì*

All'angelo Gabriele che reca l'annuncio di salvezza, Maria risponde dicendo: « Sono la serva del Signore, sia fatta la sua volontà ».
È questa disponibilità che fa grande la vergine Maria. Accettando la sua straordinaria missione nel piano del Signore, ella fa comprendere a ciascuno di noi quale deve essere lo stile di chi vuol aprire il cuore al Cristo che viene.

*Dal Vangelo secondo Luca* *(Lc 1, 26-38)*

Dio mandò l'angelo Gabriele a Nazaret, un villaggio della Galilea. L'angelo andò da una fanciulla che era fidanzata con un certo Giuseppe, discendente del Re Davide. La fanciulla si chiamava Maria. L'angelo entrò in casa e le disse: « Ti saluto, Maria! Il Signore è con te: egli ti ha colmata di grazia ».
Maria fu molto impressionata da queste parole e si domandava che significato potesse avere quel saluto. Ma l'angelo le disse: « Non temere, Maria! Tu hai trovato grazia presso Dio. Avrai un figlio, lo darai alla luce e gli metterai nome Gesù. Egli sarà grande e Dio, l'Onnipotente, lo chiamerà suo Figlio. Il Signore lo farà re, lo porrà sul trono di Davide, suo padre, ed egli regnerà per sempre sul popolo d'Israele. Il suo regno non finirà mai ».
Allora Maria disse all'angelo: « Come è possibile, dal momento che io sono vergine? ». L'angelo rispose: « Lo Spirito Santo verrà su di te, e l'Onnipotente Dio, come una nube, ti avvolgerà. Per questo il bambino che avrai sarà santo, Figlio di Dio. Vedi: anche Elisabetta, tua parente, alla sua età aspetta un figlio. Tut-

ti pensavano che non potesse avere bambini, eppure è già al sesto mese. Nulla è impossibile a Dio!».
Allora Maria disse: «Eccomi, sono la serva del Signore. Dio faccia con me come tu hai detto». Poi l'angelo la lasciò.

## *Così rispondo al Signore che mi ha parlato*

– *L'angelo Gabriele entrò in casa di Maria a Nazaret e le disse: «Ti saluto, Maria! Il Signore è con te: egli ti ha colmata di grazia».*
– Anch'io sono stato «colmato di grazia»: mediante il Battesimo Dio abita in me! O Maria, aiutami oggi a vivere nella grazia di Dio!

– *Maria fu molto impressionata da quelle parole e si domandava che significato potesse avere quel saluto.*
– Anch'io a volte mi spavento di fronte alle responsabilità e agli impegni delle mie giornate e pensando al mio futuro. O Maria, aiutami ad avere sempre fiducia nelle mie capacità, in chi mi sta vicino, in Dio Padre.

– *L'angelo disse: «Non temere, Maria! Nulla è impossibile a Dio».*
– Anche a me viene ripetuto: non temere! O Maria, guidami oggi nei pericoli, aiutami nelle tentazioni, proteggimi dal male e sostienimi in ogni buona azione.

– *Allora Maria disse: «Eccomi, sono la serva del Signore. Dio faccia con me come tu hai detto».*
– Anch'io devo farmi servo: disponibile a collaborare perché venga il regno di Dio che è pace, perdono,

accoglienza. O Maria, fa' che vinca l'egoismo che è in me e donami la tua stessa generosità.

Padre nostro...

Ti prego, Signore,...
... cammina al mio fianco, e rendimi disponibile!

“In pace e in silenzio
riposa l’anima mia”

*Sabato sera*

# OGGI, SIGNORE, MI HAI DATO TANTO: ORA SONO QUI A RINGRAZIARTI!

## *Prego con un Salmo* *(Dal Salmo 131)*

Non voglio un cuore gonfio d'orgoglio, Signore,
né occhi superbi.
Non desidero una vita di grandezza,
fatti straordinari,
una vita d'eccezione.

In pace e in silenzio riposa l'anima mia,
come un bambino,
stretto in braccio a sua madre.
Sì, così si abbandona l'anima mia.

Affido a te la mia vita, Signore,
ora e sempre. Amen.

## *Intercessioni*

Ringraziamo Gesù che ci ha donato Maria come mamma, e pieni di fiducia diciamo:
*Maria, piena di grazia, prega per noi!*

– Maria, che sei stata attenta e docile alla Parola, aiutaci ad ascoltare e a rispondere con gioia al Figlio tuo che ci parla:
*Maria, piena di grazia, prega per noi!*

– Maria, che per prima hai seguito Gesù, rendici veri e coraggiosi discepoli del tuo Figlio:
*Maria, piena di grazia, prega per noi!*

– Maria, che sei stata mamma amorosa di Gesù, proteggi e sostieni tutte le mamme, benedici le nostre famiglie:
*Maria, piena di grazia, prega per noi!*

– Maria, che ha seguito Gesù ai piedi della croce soffrendo con lui, aiuta tutti gli ammalati e i sofferenti a portare la loro croce:
*Maria, piena di grazia, prega per noi!*

Padre nostro...

## *A Maria*

Salve, santa Madre di Dio:
per te la vita perduta ci è stata ridonata;
tu dal cielo hai ricevuto il Figlio
e hai generato al mondo il Salvatore.

*oppure:*

Ave Maria, piena di grazia!
Donna attesa da sempre,
da te è nato Cristo,
il giorno nuovo che dissipa le tenebre!

Parte Seconda

# PREGARE IN OGNI CIRCOSTANZA

“Rivestimi della tua bellezza, o Signore”

# DALL'ALBA AL TRAMONTO TI LODO, SIGNORE!

## *Preghiera del mattino*

O Signore, nel silenzio di questo giorno nascente, io vengo a domandarti la pace, la saggezza, la forza, la fiducia e la speranza.

Voglio guardare oggi il mondo con occhi pieni di amore; essere comprensivo, buono, paziente, misericordioso; valutare di là delle apparenze i tuoi figli come li vedi tu stesso, così da non vedere negli altri che il bene.

Chiudi le mie orecchie a ogni calunnia; custodisci la mia bocca da ogni malevolenza.
Fa' che pensieri di pace penetrino nel mio spirito. Che io sia buono e lieto, così che gli altri riconoscano in me la tua presenza.

Rivestimi della tua bellezza, o Signore, e fa' che nel corso di questo giorno io ti riveli.

## *Preghiera della sera*

Il giorno si spegne lentamente:
resta con noi, Signore,
e con la tua Chiesa.

La notte si avvicina e siamo spaventati.
Ci sono quelli che non dormono, veglia su di loro:
tu sei la Luce.

Ci sono quelli che soffrono, consolali:
tu sei la Pace.

Ci sono quelli che non ne possono più, confortali:
tu sei la Dolcezza e la Forza.

Molti sono soli, visitali:
tu sei l'Amore.

Molti sono affamati, nutrili:
tu sei il Pane.

Molti si sono scoraggiati, proteggili:
tu sei la Speranza.

Resta con noi, Signore, resta con noi:
tu sei la Vita.

## *Cantico di Zaccaria* *(Lc 1, 68-79)*

Benedetto il Signore Dio d'Israele,
perché ha visitato e redento il suo popolo,

e ha suscitato per noi una salvezza potente,
nella casa di Davide, suo servo,

come aveva promesso
per bocca dei suoi santi profeti di un tempo:

salvezza dai nostri nemici,
e dalle mani di quanti ci odiano.

Così egli ha concesso misericordia ai nostri padri
e si è ricordato della sua santa alleanza,

del giuramento fatto ad Abramo, nostro padre,
di concederci, liberati dalle mani dei nemici,

di servirlo senza timore, in santità e giustizia
al suo cospetto, per tutti i nostri giorni.

E tu, bambino, sarai chiamato profeta dell'Altissimo
perché andrai innanzi al Signore
a preparargli le strade,

per dare al suo popolo la conoscenza della salvezza
nella remissione dei suoi peccati,

grazie alla bontà misericordiosa del nostro Dio,
per cui verrà a visitarci dall'alto un sole che sorge,

per rischiarare quelli che stanno nelle tenebre
e nell'ombra della morte

e dirigere i nostri passi
sulla via della pace.

## *Cantico di Maria* *(Lc 1, 46-55)*

L'anima mia magnifica il Signore
e il mio spirito esulta in Dio, mio salvatore,
perché ha guardato l'umiltà della sua serva.

D'ora in poi tutte le generazioni
mi chiameranno beata.

Grandi cose ha fatto in me l'Onnipotente
e Santo è il suo nome:

di generazione in generazione la sua misericordia
si stende su quelli che lo temono.

Ha spiegato la potenza del suo braccio,
ha disperso i superbi nei pensieri del loro cuore;

ha rovesciato i potenti dai troni,
ha innalzato gli umili;

ha ricolmato di beni gli affamati,
ha rimandato i ricchi a mani vuote.

Ha soccorso Israele, suo servo
ricordandosi della sua misericordia,

come aveva promesso ai nostri padri,
ad Abramo e alla sua discendenza, per sempre.

## *Cantico di Simeone* *(Lc 2, 29-32)*

Ora lascia, o Signore, che il tuo servo
vada in pace secondo la tua parola;

perché i miei occhi hanno visto la tua salvezza,
preparata da te davanti a tutti i popoli,

luce per illuminare le genti
e gloria del tuo popolo Israele.

“Radicati in Cristo
viviamo in santità e giustizia”

# PER CRESCERE DA CRISTIANI.
# I SACRAMENTI DELL'INIZIAZIONE: BATTESIMO, CRESIMA, EUCARISTIA

## *Per l'anniversario del Battesimo*

Padre, fonte di ogni vita,
quando fui battezzato
ero un bambino inconsapevole.
Ora, però, so la grandezza del dono che mi hai fatto:
mi hai innestato in Cristo tuo Figlio,
immergendomi nella sua morte e risurrezione,
e mi hai fatto rinascere tuo figlio,
dall'acqua e dallo Spirito Santo.
Grazie, o Padre!

Penso all'unzione regale che mi ha consacrato,
e mi ha reso, come Cristo, sacerdote, re e profeta.
La veste bianca che mi fu indossata mi richiama
l'impegno a essere un uomo nuovo,
rivestito di Cristo,
per vivere in giustizia, in santità e verità.
Il cero ricevuto mi chiede, anche oggi, disponibilità
ad accogliere la luce di Cristo, perché la mia vita
sia guidata dalla fede, protesa alla speranza,
alimentata dalla carità.

Mi hai inserito nella tua Chiesa,
comunità di salvezza,
come membro attivo e responsabile;
mi hai dato un futuro e una speranza
nella fede e nell'amore.

Purtroppo vedo, o Padre,
molte mie mancanze e infedeltà
al tuo disegno di amore.
Te ne chiedo perdono.
Il soffio dello Spirito di Cristo
mi investe anche oggi,
sollecitandomi a conversione:
aiutami, ti prego,

a essere coerente al mio Battesimo;
conserva in me la fede della Chiesa
perché viva sempre,
sull'esempio di Gesù,
nell'amore per te e per i fratelli.

## *Perché la vita cristiana continui dopo la Cresima*

Signore, Gesù Cristo, ti ringrazio,
perché nella Cresima
mi hai donato il tuo Spirito Santo.
È stata una tappa importante
che non posso dimenticare.

Una sola volta ricevo la Cresima,
una sola volta e vale per sempre;
una sola volta come il Battesimo,
una sola volta e sono diverso.

Sì, fammi capire, Signore Gesù,
che la mia vita cristiana continua,
dopo la Cresima ancora di più,
dopo la Cresima ancora più vera e impegnativa.

Rendimi fedele ogni domenica
alla mensa eucaristica
per trovare in te luce, forza e sapienza,
per partecipare meglio
alla vita della mia parrocchia,
per scoprire sempre più la mia vocazione.
Troverò gli amici,
pregherò con i giovani, gli adulti, gli anziani,
per scoprire ogni volta
che la fede non è davvero cosa da bambini.

Grazie perché l'Eucaristia
mi aiuta a scegliere il bene,
grazie perché l'Eucaristia
mi fa crescere come tuo discepolo,
grazie per il giusto cammino
al quale mi richiami ogni domenica,
grazie per la forza che mi dai
per lottare contro il male.

Io lo so, tu lo sai,
l'appuntamento alla tua Mensa
è una prova
che tu mi ami
e che anch'io ti amo. Amen!

## *Preghiera dopo la comunione*

Signore, so che tu mi ami: e questo mi basta.
So che tu mi salvi: e questo mi dà gioia.
So che tu puoi tutto: e questo mi conforta.
So che tu sai tutto: ti affido la mia vita.

Io ti amo, Signore, ma il mio cuore è incostante:
solo il tuo amore è fedele.
Io ti amo, ma facilmente mi dimentico di te:
solo la tua presenza è sicura.

Nei giorni di solitudine: tu mi sei amico.
Nelle ore di scoraggiamento: tu mi accogli.
In ogni istante della mia vita:
il tuo amore veglia su di me.

Se il passato mi rende triste: tu sei il perdono.
Se il futuro mi inquieta: tu sei roccia di fedeltà.
Tu dimori in me, Signore:
voglio amarti e vivere per te.
Oggi e sempre. Amen.

## *In preghiera davanti all'Eucaristia*

Impara a trovare il tempo per stare solo davanti a Gesù nell'Eucaristia. Egli è un amico a cui piace incontrare i ragazzi e le ragazze e vivere momenti di grande confidenza. Abituati ad andare a visitarlo in Chiesa, durante la settimana e stabilire tra te e lui un dialogo d'amore.
Una lampada brilla per indicare la sua Presenza. In attesa di riceverlo, durante la Messa, incontralo a tu per tu, nel silenzio, senza paura di perdere tempo. Non importa se non hai troppe parole da rivolgergli. Nemmeno pretendi di chiedergli qualcosa. Adorare consiste anche solamente nel guardare Gesù, amandolo. Che conta è che cresca la tua amicizia verso di lui. E Gesù la ricambierà con la sua!
Nel silenzio dell'adorazione, lentamente, offri al Signore la tua preghiera, ripetendo queste acclamazioni.

– O Signore, io credo che tu sei qui. Ti offri al mio sguardo per purificarmi. Tu mi parli continuamente del Padre e mi doni il tuo Spirito Santo perché diventi come te.

– O Signore, io credo che tu mi ami. Hai donato tutto te stesso per amore. Tu vuoi la mia felicità. Mi rendi fratello con tutti gli uomini della terra.

– O Signore, io credo che tu mi trasformi. La tua morte in croce mi ha dato la possibilità di farmi uomo nuovo. Mi vuoi fedele al progetto che il Padre ha su di me.

– O Signore, io credo che tu mi conduci. Tu, che hai per tutti parole di vita eterna, mi consoli con la tua Parola. Sostieni tu il mio cammino!

– O Signore, io credo che tu mi salvi. Tu hai portato nel mondo il perdono del Padre. Fa' che io mi lasci guidare sempre dal tuo Spirito, che conduce al bene.

– O Signore, io credo che tu mi metti in comunione con i miei fratelli. Tu, che sei venuto a radunare gli uomini che erano dispersi, rendimi aperto a tutti gli altri, pronto a voler davvero il bene di ciascuno.

– O Signore, io credo che tu vuoi il mio bene. Mi doni la forza di essere migliore. Rendimi testimone del mondo nuovo, che tu hai inaugurato con la tua morte e la tua risurrezione.

* * *

– *Nel silenzio, incontro Gesù, vivo nell'Eucaristia.*
*Nasce un dialogo d'amore tra me e lui.*
*Gesù mi vede e mi ama. Io lo guardo e lo riconosco:*
Sei tu, Signore, il mio Amico, il mio Maestro, il mio Salvatore, il mio Dio!

– *Gesù mi conosce e mi chiama per nome.*
*Ha dato la sua vita per me.*
*Io lo accolgo nel profondo del mio cuore.*
Rendimi una sola cosa con te, o Signore!

– *Gesù mi prepara un futuro di gioia.*
*Mi ha donato il suo Spirito Santo*
*perché sia capace di amare come lui.*
La mia vita diventi un dono d'amore per i miei fratelli!

– *Gesù mi libera dal male e da ogni chiusura.*
*Mi offre il suo perdono e la sua pace.*
Dammi, o Signore, la certezza che il tuo amore è più forte delle mie resistenze!

– *Gesù vuole per me*
*l'attuazione dei miei sogni più belli.*
*Mi chiama a fare della mia vita un capolavoro.*

Donami, o Signore, di non sciupare l'esistenza in cose vane. Fa' che la mia vita diventi un riflesso del tuo amore.

*– Gesù ha donato il suo Corpo e il suo Sangue.*
*Non ha custodito gelosamente per sé la sua vita.*

Insegnami, Signore, a utilizzare le occasioni che mi dai per amare e servire i miei amici, i miei familiari, quelli della mia comunità.

*– Gesù è andato incontro a tutti,*
*senza mai giudicare.*
*Ha usato comprensione e bontà.*

Allontana da me, o Signore, ogni giudizio malevolo. Fa' che sia aperto alle necessità e alle sofferenze dei miei fratelli.

*– Gesù ha moltiplicato la gioia*
*di tanti cuori rattristati.*
*È il consolatore di quanti piangono*
*per le loro sofferenze e soprattutto per i loro peccati.*

Fa', o Signore, che nel mio cuore ci sia sempre posto per tutti, a partire da quanti piangono per le loro sofferenze!

*– Gesù ci insegna a perdonare e a ricominciare*
*subito da capo con quanti ci hanno offeso.*

Egli perdona sempre, anche ai nemici.
Mantienimi, o Signore, un cuore di fanciullo, che dimentica le ostilità e sa cancellare il male ricevuto!

*– Gesù ha compiuto fino in fondo*
*la volontà del Padre suo.*
*Egli si è fatto obbediente fino alla morte di croce.*

O Gesù, insegnami ad accogliere la volontà del Padre e a compierla in ogni momento della mia vita!

**“Come il cielo è alto sulla terra,**
**così è grande la misericordia del Signore”**

# CELEBRO IL SACRAMENTO DELLA PENITENZA

«Mi leverò e andrò da mio padre e gli dirò: Padre, ho peccato contro il Cielo e contro di te!» *(Lc 15, 18)*.

## *Signore, ti chiedo perdono*

Io lo so, Signore, di non essere come tu mi vuoi.
Dopo tanti propositi e promesse,
eccomi di nuovo a sperimentare la mia debolezza,
la mia povertà.
Io lo so, Signore, che neppure i miei peccati
sconfiggono il tuo amore
e che tu non ti allontani mai da me.
Perciò, Signore, ti lodo e ti benedico.
Tu sei un Dio che perdona, tu sei grande nell'amore.
Donami un cuore nuovo,
capace di far fronte agli attacchi del male.
Donami la gioia di sapermi perdonato,
di nuovo in cammino.
Donami il tuo perdono,
e un'alba nuova incomincerà
a nascere dentro di me.

## *Abbiamo fatto tutto?*

Signore,
abbiamo vissuto questa giornata
come l'avresti vissuta tu?
Siamo stati pazienti, umili, premurosi?
Siamo stati attenti a chi ci veniva incontro?
Abbiamo risposto a quelli che domandavano?
Abbiamo sorriso con tenerezza
a quelli che ci sorridevano?
Abbiamo donato parole di comprensione,
prima del pane?
Abbiamo irradiato la tua gioia?

Siamo stati fratelli per i nostri fratelli?
Se non abbiamo fatto tutto questo,
perdonaci, Signore.
E anche se l'abbiamo fatto,
non è ancora abbastanza.
Così ti preghiamo:
infiammaci d'amore ogni giorno un po' di più.

## *Schema per l'esame di coscienza*

– *«Beati quelli che sono poveri di fronte a Dio, perché Dio offre a loro il suo regno».*

Gesù è il vero «povero di fronte a Dio» perché si è fidato fino in fondo della volontà del Padre ricercata quotidianamente nel rapporto personale con lui.
So rivolgermi a Dio ogni giorno nella preghiera? Quando prego mi distraggo facilmente e penso a tutt'altro, o mi sforzo di parlare con lui? Comincio la mia giornata affidandomi al «Padre che è nei cieli»? La termino ringraziandolo per quanto mi ha dato e chiedendo perdono se – a differenza di Gesù – non sempre sono fedele alla sua parola?
Sono egoista, attaccato alle mie cose, invidioso di ciò che hanno gli altri, desideroso di avere sempre di più? So condividere i miei beni materiali con chi vive accanto a me? Mi interesso anche di quelli che sono talmente poveri da non avere nemmeno il «pane quotidiano»?

– *«Beati quelli che sono nella tristezza perché Dio li consolerà».*

Gesù si è fatto vicino a chi era triste, ammalato, escluso.
So aiutare chi è in difficoltà? Mi accorgo se qualche amico/a è triste? Mi sforzo di comprendere i miei

genitori, di capire i miei nonni? Mi lamento continuamente per le piccole difficoltà della mia vita?

– «*Beati quelli che non sono violenti, perché Dio darà loro la terra promessa*».

Gesù ha insegnato ai suoi amici che non è con la spada – con la violenza – che si sostengono le proprie ragioni e ha presentato se stesso come colui che è «mite e umile di cuore».

Come mi comporto nei confronti dei miei compagni/e, dei miei vicini di banco, dei miei fratelli o sorelle? Faccio valere sempre e soltanto le mie ragioni anche a costo di litigare? Cerco di capire gli altri?

Rifiuto letture, spettacoli, discorsi in cui si esalta la forza e la violenza? So mantenere, fortificare e manifestare le mie certezze di fede?

– «*Beati quelli che desiderano ardentemente ciò che Dio vuole, perché Dio esaudirà i loro desideri*».

Gesù ha sempre cercato la volontà del Padre, che vuole la pace, la giustizia, l'amore tra i suoi figli.

Io voglio davvero che si realizzi il regno di Dio e mi impegno a costruirlo? Oppure seguo i consigli di quelli che suggeriscono di «farsi gli affari propri» senza immischiarsi nei problemi degli altri?

– «*Beati quelli che hanno compassione degli altri, perché Dio avrà compassione di loro*».

Gesù ha amato «fino all'ultimo», senza tirarsi mai indietro.

Io so amare «con un cuore grande»? Faccio distinzioni tra simpatici e antipatici, amici e nemici? Mi interesso di chi ha bisogno, a cominciare dai miei familiari? Quando ho la possibilità, cerco di aiutare anche i più poveri (anziani, compagni handicappati, immigrati...)?

– «*Beati quelli che sono puri di cuore, perché vedranno Dio*».
Gesù non ha lasciato che niente «inquinasse» il suo cuore e la sua mente.
Mi sforzo di evitare il male e ogni imperfezione? Evito immagini, discorsi o atti impuri? So dire di no a certe curiosità volgari e inutili? So spegnere la televisione di fronte a spettacoli sciocchi o provocanti? Quando sbaglio faccio subito il proposito di migliorare o mi adagio nei miei difetti?

– «*Beati quelli che diffondono la pace perché Dio li accoglierà come suoi figli*».
Gesù ha saputo perdonare anche quelli che lo crocifiggevano e ha sempre rifuggito la violenza, l'odio, la menzogna.
Io so perdonare quelli che mi hanno offeso? Mantengo rancori o antipatie nei confronti di qualcuno? Cerco di impegnarmi perché i miei amici, i miei genitori, i miei vicini vadano d'accordo? Parlo male delle persone che conosco? Cerco di controllare il mio carattere e le mie reazioni di fronte alle ingiustizie o alle difficoltà quotidiane? Sono sincero, o mi nascondo dietro scuse e menzogne? Offendo gli altri con ingiurie e parole cattive?

– «*Beati quelli che sono perseguitati per aver fatto la volontà di Dio, perché Dio darà loro il suo regno*».
Gesù è stato perseguitato proprio per il suo amore per la verità e per il suo impegno verso i più poveri.
So difendere la verità, anche quando costa? Mi sforzo di non seguire la moda del giorno nel modo di parlare, di vestirsi, di giudicare? Mi lascio trascinare dalle scelte del gruppo, o cerco di essere libero e scelgo solo dopo averci pensato bene? Ho il corag-

gio di dire che credo in Gesù, che partecipo alla Messa o vado all'Oratorio? Cerco di far capire ai miei compagni che essere cristiani è bello? Mi impegno – a scuola, nel catechismo, nella famiglia – anche se gli altri non si interessano?
Chiedi perdono al Padre di tutte le tue mancanze e invoca la forza dello Spirito Santo perché tu possa venire guarito dalle tue debolezze – attraverso la grazia del Sacramento della Riconciliazione – e così possa diventare più simile a Gesù, tuo maestro e guida.

## *Chiedo perdono a Dio, Padre buono*

Ti chiedo perdono, Padre buono,
per ogni mancanza d'amore,
per la mia debole speranza
e per la mia fragile fede.
Domando a te, Signore,
che illumini i miei passi,
la forza di vivere
con tutti i miei fratelli
nuovamente fedele al tuo Vangelo.

## *Per ringraziare il Signore che ci perdona*

### Salmo 103

*La bontà del Signore è da sempre e per sempre.*

Benedici il Signore, anima mia,
quanto è in me benedica il suo santo nome.
Benedici il Signore, anima mia,
non dimenticare tanti suoi benefici.

Egli perdona tutte le tue colpe,
guarisce tutte le tue malattie;
salva dalla fossa la tua vita,
ti corona di grazia e di misericordia.

Buono e pietoso è il Signore,
lento all'ira e grande nell'amore.
Egli non continua a contestare
e non conserva per sempre il suo sdegno.
Non ci tratta secondo i nostri peccati,
non ci ripaga secondo le nostre colpe.

Come il cielo è alto sulla terra,
così è grande la sua misericordia
su quanti lo temono;
come dista l'oriente dall'occidente,
così allontana da noi le nostre colpe.
Come un padre ha pietà dei suoi figli,
così il Signore ha pietà di quanti lo temono.

Perché egli sa di che siamo plasmati,
ricorda che noi siamo polvere,
Come l'erba sono i giorni dell'uomo,
come il fiore del campo, così egli fiorisce.
Lo investe il vento e più non esiste
e il suo posto non lo riconosce.

La grazia del Signore è da sempre,
dura in eterno per quanti lo temono;
la sua giustizia per i figli dei figli,
per quanti custodiscono la sua alleanza
e ricordano di osservare i suoi precetti.

## Salmo 119

*Benedetto sei tu, Signore,*
*insegnami i tuoi precetti.*

Beato l'uomo di integra condotta,
che cammina nella legge del Signore.

Con tutto il cuore ti cerco:
non farmi deviare dai tuoi precetti.
Conservo nel cuore le tue parole
per non offenderti con il peccato.
Benedetto sei tu, Signore;
mostrami il tuo volere.

Voglio meditare i tuoi comandamenti,
considerare le tue vie.
Nella tua volontà è la mia gioia;
mai dimenticherò la tua parola.

Aprimi gli occhi perché io veda
le meraviglie della tua legge.
Indicami, Signore, la via dei tuoi precetti
e la seguirò sino alla fine.

Lampada per i miei passi è la tua parola,
luce sul mio cammino.
Giunga il mio grido fino a te, Signore,
fammi comprendere secondo la tua parola.
Venga al tuo volto la mia supplica,
salvami secondo la tua promessa.

Desidero la tua salvezza, Signore,
e la tua legge è tutta la mia gioia.
Possa io vivere e darti lode,
mi aiutino i tuoi giudizi.

## Salmo 144

*Loderò per sempre il tuo nome, o Signore.*

O Dio, mio re, voglio esaltarti
e benedire il tuo nome
in eterno e per sempre.
Ti voglio benedire ogni giorno,
lodare il tuo nome
in eterno e per sempre.

Paziente e misericordioso è il Signore,
lento all'ira e ricco di grazia.
Buono è il Signore verso tutti,
la sua tenerezza si espande
su tutte le creature.

Ti lodino, Signore, tutte le tue opere
e ti benedicano i tuoi fedeli.
Dicano la gloria del tuo regno
e parlino della tua potenza.

Il Signore sostiene quelli che vacillano
e rialza chiunque è caduto.
Giusto è il Signore in tutte le sue vie,
santo in tutte le sue opere.

Il Signore è vicino a quanti lo invocano,
a quanti lo cercano con cuore sincero.
Appaga il desiderio di quelli che lo temono,
ascolta il loro grido e li salva.

Canti la mia bocca la lode del Signore
e ogni vivente benedica il suo nome santo,
in eterno e sempre.

## *Preghiera conclusiva*

È veramente giusto renderti grazie
e cantare il tuo amore e il tuo perdono
Dio, Padre onnipotente!

Tu mi hai chiamato qui
per confessare che tu sei il Dio dell'amore;
sei tu che hai messo nel mio cuore
il desiderio di aprirmi al perdono
e di fare la pace con te e con tutti;

sei tu che mi hai dato un cuore nuovo,
capace di bene, di impegno e di amore!

Signore,
ero morto, e sono tornato in vita;
mi ero smarrito,
ora sono nuovamente nella tua casa!

Spero in te, ora e sempre:
sono tranquillo e sereno,
come un bimbo in braccio a sua madre.
Ti lodo, perché sei buono:
eterna è la tua misericordia!

*A conclusione della celebrazione comunitaria del Sacramento:*

Dio, nostro Padre,
che ci hai riconciliati a te
con la remissione dei peccati,
fa' che impariamo
a perdonarci l'un l'altro le offese
e diventiamo operatori di pace nel mondo.
Per Cristo nostro Signore.
Amen.

"Spirito di Dio,
fiamma ardente nel cuore,
sana le nostre ferite
con il balsamo del tuo amore"

# PREGHIERE
# ALLO SPIRITO SANTO

## *Sequenza di Pentecoste*

Vieni, Santo Spirito,
manda a noi dal cielo
un raggio di tua luce.

Vieni, padre dei poveri,
vieni, datore dei doni,
vieni, luce dei cuori.

Consolatore perfetto,
ospite dolce dell'anima,
dolcissimo sollievo.

Nella fatica, riposo,
nella calura, riparo,
nel pianto, conforto.

O luce beatissima,
invadi nell'intimo
il cuore dei tuoi fedeli.

Senza la tua forza,
nulla è nell'uomo,
nulla senza colpa.

Lava ciò che è sordido,
bagna ciò che è arido
sana ciò che sanguina.

Piega ciò che è rigido
scalda ciò che è gelido,
drizza ciò che è sviato.

Dona ai tuoi fedeli
che solo in te confidano
i tuoi santi doni.

Dona virtù e premio,
dona morte santa,
dona gioia eterna.

## *Vieni, o Spirito Santo*

Vieni, o Spirito Santo:
fa' arrivare fino a noi
un raggio della tua potenza.
Tu il solo consolatore,
l'ospite più dolce dell'anima,
sei per noi come la pausa
nella fatica, l'ombra nella calura,
la speranza di quelli che piangono.

Ricolma gli spiriti
di coloro che ti cercano
della tua luce beatissima:
perché senza l'aiuto della tua forza
non c'è nulla nell'uomo
che possa tornarti gradito.

Purifica le nostre colpe,
riempi la nostra povertà,
risana le nostre ferite,
piega la nostra superbia,
scuoti la nostra indifferenza,
ritiraci dalle vie contorte e pericolose.

Da' a tutti noi,
che riponiamo in te la nostra speranza,
i tuoi sette doni.
Fa' che i nostri sforzi siano ricompensati,
lasciaci vedere il giorno della salvezza
e dacci di contemplare la tua gloria, per sempre.

## *Vieni, o Spirito creatore*

Vieni, o Spirito creatore,
visita le nostre menti,
riempi della tua grazia
i cuori che hai creato.

O dolce consolatore,
dono del Padre altissimo,
acqua viva, fuoco, amore,
santo crisma dell'anima.

Dito della mano di Dio,
promesso dal Salvatore,
irradia i tuoi sette doni,
suscita in noi la parola.

Sii luce all'intelletto,
fiamma ardente nel cuore;
sana le nostre ferite
col balsamo del tuo amore.

Difendici dal nemico,
reca in dono la pace,
la tua guida invincibile
ci preservi dal male.

Luce d'eterna sapienza,
svelaci il grande mistero
di Dio Padre e del Figlio
uniti in un solo Amore. Amen.

## *Allo Spirito Santo*

Spirito Santo, tu conosci il nostro cuore!
*Vieni in noi!*
– Aiutaci a pensare e a scegliere
secondo il Vangelo di Gesù!
*È il tuo amore che ci rende discepoli di Gesù!*
– Spirito Santo, tu scruti i pensieri di Dio!
*Vieni in noi!*
– Aiutaci ad accogliere il progetto d'amore
che il Padre ha su ciascuno!
*È il tuo amore che ci impegna!*
– Spirito Santo, tu sei la sorgente dell'amore:
*Vieni in noi!*
– Metti in noi un grande desiderio
di impegno e di servizio!
*È il tuo amore che ci rende servitori*
*gli uni degli altri!*
– Spirito Santo, tu consoli quanti sono tristi!
*Vieni in noi!*
– Suscita in noi la volontà di essere, per quanti ci avvicinano, un segno vivo dell'amore di Dio!
*È il tuo amore che ci rende compassionevoli!*
– Spirito Santo, tu allieti sempre la tua Chiesa
di nuove chiamate!
*Vieni in noi!*
– Donaci di rispondere con generosità
alla nostra personale vocazione,
per costruire insieme la civiltà dell'amore!
*È il tuo amore che ci fa Chiesa!*
– Spirito Santo, tu fai crescere nel mondo
i semi del Vangelo!
*Vieni in noi!*
– Rendici testimoni della novità evangelica
in mezzo ai fratelli!
*È il tuo amore che ci rende missionari!*

**“Nello stupore di tutto il creato,  
o vergine Maria,  
hai generato il tuo Creatore”**

# PREGHIERE A MARIA

## *Angelus Domini*

L'Angelo del Signore
portò l'annuncio a Maria,
– *ed ella concepì*
*per opera dello Spirito Santo.*

Ave Maria...

Ecco, io sono la serva del Signore,
– *si compia in me la tua parola.*

Ave Maria...

Il Verbo di Dio si è fatto uomo,
– *e venne ad abitare in mezzo a noi.*

Ave Maria...

Prega per noi, Santa Madre di Dio,
– *perché diventiamo degni delle promesse di Cristo.*

Preghiamo.
Infondi in noi la tua grazia, Signore: tu che all'annuncio dell'angelo ci hai rivelato l'incarnazione di Cristo, tuo Figlio, per la sua passione e la sua croce, guidaci alla gloria della risurrezione.
Per Cristo nostro Signore.
Amen!

## *Nel tempo di Pasqua*

Regina del cielo, rallegrati, alleluia!
– *Cristo, che hai portato nel grembo, alleluia!*

È risorto, come aveva promesso, alleluia!
– *Prega il Signore per noi, alleluia!*

Rallegrati, Vergine Maria, alleluia!
– *Il Signore è veramente risorto, alleluia!*

Preghiamo.
O Dio, che con la risurrezione di Cristo, tuo Figlio, hai ridato al mondo la gioia: per l'intercessione della Madre sua, la Vergine Maria, guidaci alla felicità senza fine.
Per Cristo nostro Signore.
Amen.

## *Salve, Regina*

Salve, o Regina, Madre di misericordia.
Vita, dolcezza e speranza nostra, salve.
A te ricorriamo, noi esuli figli di Eva;
a te sospiriamo gementi e piangenti
in questa valle di lacrime.
Orsù, dunque, avvocata nostra,
rivolgi a noi quegli occhi tuoi misericordiosi.
E mostraci, dopo questo esilio, Gesù,
il frutto benedetto del tuo seno.
O clemente, o pia,
o dolce Vergine Maria.

## *Ci rivolgiamo a te, Maria*

Ci rivolgiamo a te, o Maria,
a te che sei vicina al tuo Figlio Gesù.
Maria, vogliamo dire con te: grazie.

Grazie per la gioia che viviamo ogni giorno;
grazie per la gioia di condividere
la nostra vita con i fratelli;
grazie per l'aiuto che ci dai
nel superare le difficoltà.

Tu, Maria, aiutaci a vivere sempre
da veri cristiani, nella nostra famiglia,
nel nostro paese, nel nostro lavoro,
vicino ad ogni persona.

Dilata il nostro cuore perché
sappiamo aprirci all'amore di Dio.

## *Tienici per mano*

O Vergine Immacolata,
Madre del vero Dio e Madre della Chiesa!
Ascolta la preghiera che ti rivolgiamo
con filiale fiducia,
e presentala al tuo Figlio Gesù,
unico nostro redentore.
A te, maestra del sacrificio nascosto
e silenzioso, consacriamo la nostra vita,
il nostro lavoro, le nostre gioie,
le nostre infermità e i nostri dolori.
Concedi la pace, la giustizia,
la prosperità a tutti i popoli,
poiché tutto quello che abbiamo e che siamo
lo affidiamo alle tue cure,
Signora e Madre nostra!

## *Santa Maria, conservami un cuore di fanciullo*

Santa Maria, Madre di Dio, conservami un cuore di fanciullo, puro e limpido come acqua di sorgente. Ottienimi un cuore semplice, che non si pieghi ad assaporare le proprie tristezze; un cuore magnanimo nel donarsi, facile alla compassione; un

cuore fedele e generoso, che non dimentichi alcun bene e non serbi rancore di alcun male.
Donami un cuore docile e umile, che ami senza esigere di essere riamato, lieto di scomparire in altri cuori davanti al tuo Figlio divino; un cuore grande e indomabile, così che nessuna ingratitudine lo possa chiudere e nessuna indifferenza lo possa stancare; un cuore tormentato dalla gloria di Gesù Cristo, ferito dal suo amore, con una piaga che non guarisca se non in cielo.

*(L. De Grandmaison)*

# *Con Maria sulla strada di Gesù: il Rosario*

## *Schema della preghiera*

– Nel nome del Padre e del Figlio e dello Spirito Santo. Amen.

– O Dio, vieni a salvarmi.
– *Signore, vieni presto in mio aiuto.*
– Gloria al Padre...
– *Gesù, perdona le nostre colpe, preservaci dal fuoco dell'inferno, porta in cielo tutte le anime, specialmente le più bisognose della tua misericordia.*

– Contemplazione del Mistero
– Padre nostro...
– 10 Ave Maria...
– Gloria al Padre...

## **Misteri Gaudiosi (lunedì e giovedì)**

Sono i misteri nei quali contempliamo il Dio che si fa uomo, nascendo dalla Vergine Maria.

1. L'Angelo Gabriele annuncia alla Vergine Maria la sua missione di Madre di Gesù.
2. Maria visita la cugina Elisabetta.
3. Gesù nasce da Maria a Betlemme di Giudea.
4. Gesù viene portato al tempio per essere offerto a Dio Padre.
5. Maria e Giuseppe ritrovano Gesù fra i dottori, nel tempio di Gerusalemme.

Preghiamo.
O Signore, come un giorno chiamasti Maria a collaborare al tuo piano di salvezza, chiama anche noi e concedici di imitarla, per rispondere generosamente alla tua chiamata e portare al mondo il tuo amore.

## Misteri Dolorosi (martedì e venerdì)

Con Maria ci mettiamo nella passione di Gesù e sotto la croce per contemplare l'amore di Dio e condividere le sofferenze di Cristo suo Figlio.

1. Gesù prega nel Giardino degli ulivi.
2. Gesù, legato a una colonna, viene flagellato.
3. Gesù è deriso e incoronato di spine.
4. Gesù, caricato di una pesante croce, sale il Calvario.
5. Gesù, dopo essere stato inchiodato sulla croce, muore.

Preghiamo.
O Dio nostro Padre, il tuo unico Figlio Gesù, con la sua morte ha distrutto la morte. Con la sua risurrezione ha rinnovato la nostra vita. Concedi a noi di vivere come figli obbedienti alla tua volontà e come fratelli che si amano e che annunciano a tutti il messaggio del Vangelo.

## Misteri Gloriosi (mercoledì, sabato e domenica)

Contempliamo il Cristo risorto, vivo in mezzo a noi, il dono dello Spirito Santo e la gioia di Maria per le opere che Dio ha compiuto in lei.

1. Gesù risorge il terzo giorno.
2. Gesù ascende al cielo dopo quaranta giorni.
3. Lo Spirito Santo scende su Maria e gli Apostoli raccolti in preghiera.
4. Maria, Madre di Gesù, viene assunta in cielo.
5. Maria viene incoronata in cielo regina dell'universo.

Preghiamo.
O Signore Gesù, primizia di coloro che risorgono dai morti, salito in cielo per prepararci un posto, manda anche oggi il tuo Spirito, effuso su Maria e gli Apostoli, sopra tutti i credenti, perché siano portatori di unità e di pace.

# *Litanie*

Sono espressioni di supplica rivolte a Dio e a Maria invocata con molteplici titoli.

Signore, pietà. *Signore, pietà.*
Cristo, pietà. *Cristo, pietà.*
Signore, pietà. *Signore, pietà.*
Cristo, ascoltaci. *Cristo, ascoltaci.*
Cristo, esaudiscici. *Cristo, esaudiscici.*

Padre che sei Dio, *abbi pietà di noi.*
Figlio, redentore del mondo,
che sei Dio, *abbi pietà di noi.*
Spirito Santo, che sei Dio, *abbi pietà di noi.*
Santa Trinità, unico Dio, *abbi pietà di noi.*

Santa Maria, *prega per noi.*
Santa Madre di Dio,
Santa Vergine delle vergini,
Madre del Cristo,
Madre della divina grazia,
Madre purissima,
Madre castissima,
Madre sempre vergine,
Madre senza colpa,
Madre amabile,
Madre del buon consiglio,
Madre del Creatore,
Madre del Salvatore,
Madre della Santa Chiesa,
Vergine piena di saggezza,
Vergine degna di onore,
Vergine degna di lode,
Vergine potente,
Vergine piena di bontà,
Vergine fedele,
Ideale di santità,
Sede della sapienza,
Fonte della nostra gioia,
Tempio dello Spirito Santo,
Tempio degno di gloria,
Tempio luminoso di pietà,
Rosa mistica,
Gloria della casa di Davide,
Fortezza inespugnabile
contro il nemico,
Capolavoro splendente di Dio,
Arca della nuova alleanza,
Porta del cielo,
Stella del mattino,
Salute degli infermi,

Rifugio dei peccatori,
Conforto degli afflitti,
Aiuto dei cristiani,
Regina degli angeli,
Regina dei patriarchi,
Regina dei profeti,
Regina degli apostoli,
Regina dei martiri,
Regina dei confessori,
Regina delle vergini,
Regina di tutti i santi,
Regina concepita senza peccato originale,
Regina assunta in cielo,
Regina del santo rosario,
Regina della pace,

Agnello di Dio,
che togli i peccati del mondo,
*perdonaci, Signore.*
Agnello di Dio,
che togli i peccati del mondo,
*ascoltaci, Signore.*
Agnello di Dio,
che togli i peccati del mondo,
*abbi pietà di noi.*

“La tua volontà si compia in me,
non desidero altro, mio Dio”

SIGNORE,
COSA VUOI CHE IO FACCIA?

## *Preghiera per conoscere la propria vocazione*

Signore, con il Battesimo,
mi hai dato il dono della fede.
Ti ringrazio perché so che mi vuoi bene,
vuoi il mio bene:
così mi hai offerto tutte le energie necessarie
perché io mi attui completamente.
Tu non fai le cose a metà;
tu non mi vuoi riuscito a metà;
tu vuoi fare della mia vita un autentico capolavoro.
Signore,
donami non solo la certezza del tuo amore,
ma anche la forza necessaria perché i doni,
riposti in me, possano perfezionarsi ed espandersi.
Fa' che io non cresca solo per me stesso.
L'amore ricevuto, infatti,
si moltiplica solo donandolo a sua volta.
Perciò ti prego, Signore,
impegnandomi a crescere in generosità
per valorizzare i miei doni,
fammi conoscere i luoghi e i tempi in cui spenderli.
Io potrò essere felice
solo dentro la vocazione ben precisa
alla quale tu mi chiami.
Rendimi docile, Signore,
perché io possa udire la tua chiamata.
Rendimi attento, Signore,
perché io sappia riconoscere
quello che tu vuoi da me.
Rendimi pronto, Signore,
a dirti di sì, a dire,
come Maria, il mio «Eccomi»,

e così provocare una esplosione a catena di felicità:
la tua, perché io ti ho obbedito;
la mia, perché so di esserti fedele,
quella degli altri,
perché sapranno riconoscere il tuo amore
attraverso di me.

## Chiamaci, o Signore!

Signore Gesù
che hai chiamato chi hai voluto,
chiama molti di noi a lavorare per te,
a lavorare con te.

Tu, che hai illuminato con la tua Parola
quelli che hai chiamati,
illuminaci col dono della fede in te.

Tu, che li hai sostenuti nelle difficoltà,
aiutaci a vincere le nostre difficoltà
di giovani d'oggi.

E se chiami qualcuno di noi,
per consacrarlo tutto a te,
il tuo amore riscaldi questa vocazione
fin dal suo nascere
e la faccia crescere
e perseverare sino alla fine.
Amen.

## Fammi docile

Signore, Dio Padre,
io non conosco il mio avvenire
ma so che lo conosci tu
che mi vuoi bene.

Fammi conoscere e amare
ciò che tu vuoi da me,
perché il tuo progetto
su di me si realizzi.

Donami un cuore limpido,
capace di accogliere
la tua Parola.

Tu vuoi che nel mondo
sia utile anch'io,
che la mia vita
sia donata con amore:
fammi degno, Signore,
di questa chiamata.

Rendimi capace di perfezionare
i doni che mi hai offerto:
fammi docile alla voce
dello Spirito Santo.

Fa' che sempre, come Maria,
io compia con amore
ciò che piace a te.

## *Preghiera per le vocazioni sacerdotali e religiose*

Signore Gesù, Dono del Padre:
con l'azione incessante del tuo Spirito,
tu vivi tra noi
e continui a chiamare, lungo le strade del mondo,
uomini e donne alla tua sequela,
discepoli che vivano e manifestino le meraviglie
della tua predilezione senza fine.

Fa' che i ragazzi e le ragazze,
i giovani e le giovani della nostra Chiesa,
aperti all'ascolto della tua Parola,
abbiano il coraggio di considerare come possibili,
con il tuo aiuto,
tutte le vocazioni derivate dal Battesimo
e siano pronti a rispondere, senza paure,
alla chiamata che tu rivolgi a ciascuno di loro.

Fa' che le nostre famiglie cristiane
sappiano educare a una fede solida
e a un amore senza riserve per te,
che dai senso a ogni vita.
Fa' che accolgano e coltivino con gratitudine,
forse sofferta, eppure gioiosa,
i germi di vocazione che scorgono nei loro figli.

Fa' che i nostri sacerdoti,
i nostri religiosi e le nostre religiose
siano sempre più lieti
di aver donato la loro esistenza a te
e abbiano il coraggio di proporre, anche ai singoli,
la via del presbiterato
e della totale esclusiva ed eterna appartenenza a te.

Fa' che le nostre comunità di fede
vivano e testimonino,
senza compromessi,
la presenza trasformante del tuo Mistero,
e si impegnino a sostenere, con trepida attenzione,
nel graduale consolidarsi delle libertà,
chi si avvia al Sacerdozio ministeriale
o alla scelta radicale per il Regno.

Ti preghiamo perché il servizio della tua Verità
e della tua Grazia sia stimato
sopra ogni altra responsabilità ecclesiale.

Ti preghiamo perché la Chiesa a cui apparteniamo
esprima l'inesauribile ricchezza del tuo amore
e l'azione fantasiosa del tuo Spirito,
nella varietà di tutte le vocazioni.

## *Padre mio, mi abbandono a te*

Padre mio, mi abbandono a te:
fa' di me ciò che ti piace.
Qualunque cosa tu faccia di me
Ti ringrazio.
Sono pronto a tutto.
Accetto tutto.
La tua volontà si compia in me,
e in tutte le tue creature.
Non desidero altro, mio Dio.
Affido l'anima mia alle tue mani.
Te la dono, mio Dio,
con tutto l'amore del mio cuore
perché ti amo,
ed è un bisogno del mio amore
il donarmi,
e il rimettermi nelle tue mani
senza riserve,
con infinita fiducia,
perché tu sei mio Padre. *(Fr. Carlo De Foucauld)*

## *Signore, donami quello che tu vuoi che io faccia*

Signore, io so che tu mi ami e che vuoi qualcosa di bello per me; so che tu hai un progetto eterno per me solo, un piano meraviglioso che da sempre porti nel tuo cuore.

Dammi, o Signore, la gioia di scoprire e di vivere quello che tu hai pensato per me; dammi la generosità di fare della mia vita un dono continuo.
Ravviva tu la mia debole volontà.

Donami, o Signore, il coraggio di impegnarmi nella fatica di ogni giorno; il coraggio di lottare anche se solo, e di saper ricominciare dopo ogni caduta.

Insegnami a lavorare con assiduità e a comportarmi lealmente anche quando mi vedi soltanto tu, come se tutti potessero vedermi.

Aiutami a fare il bene difficile invece che il male facile; ad avvicinarmi sempre più a te servendo con gioia gli altri, per quanto questo possa costarmi sacrificio.

Signore, io non ti chiedo il tempo di fare questo e quello; ti chiedo solo la grazia di meditare e pregare ogni giorno per fare coscienziosamente – nel tempo che tu mi offri – quello che tu vuoi che io faccia.
Amen.

“O Dio che tutto hai creato
con la tua parola,
donami la tua sapienza”

# CON TE VIVO LA MIA GIOVINEZZA

## *Per chiedere il dono della sapienza*

Dio dei padri e Signore di misericordia,
che tutto hai creato con la tua parola,
che con la tua sapienza hai formato l'uomo,
perché domini sulle creature che tu hai fatto,
e governi il mondo con santità e giustizia
e pronunzi giudizi con animo retto:

donami la sapienza,
che siede accanto a te in trono,
e non mi escludere dal numero dei tuoi figli,
perché io sono tuo servo e figlio della tua ancella,
uomo debole e di vita breve,
incapace di comprendere la giustizia e le leggi.

Anche il più perfetto tra gli uomini,
privo della tua sapienza,
sarebbe stimato un nulla.

Con te è la sapienza che conosce le tue opere,
che era presente quando creavi il mondo;
essa conosce che cosa è gradito ai tuoi occhi
e ciò che è conforme ai tuoi decreti.

Mandala dai cieli santi, dal tuo trono glorioso,
perché mi assista e mi affianchi nella mia fatica,
e io sappia che cosa ti è gradito.

Essa tutto conosce e tutto comprende:
mi guiderà con prudenza nelle mie azioni,
e mi proteggerà con la sua gloria.

*(Sapienza, cap. 9)*

## *Per cantare con la vita*

Signore Gesù, ti prego,
fa' che la mia vita sia una dolce grande musica,
dettata dal tuo Santo Spirito,
perché il Padre sorrida della sua creatura.
Donami semplicità.
Rendimi generoso.
Migliora i miei sogni.
Fammi specchio del Bene.
Sollevami nella fatica.
Lasciami stare con te.
Si compia un futuro di gioia.
Domani, in Cielo, sarà un canto d'amore.
Amen.

## *Mi affido a te, Signore*

Ti lodo, o Dio,
perché sei amore,
perché metti nel mio cuore la gioia,
perché mi infondi il gusto di vivere.

*Ti ringrazio, o Dio,*
perché ti chini su di me,
perché hai fiducia di me,
perché mi affidi tutto il creato.

*Ti offro, o Dio,*
ogni attimo che mi doni,
ogni mia gioia,
ogni mio sacrificio,
ogni mio gioco.

*Aiutami, o Dio,*
a fare la tua volontà,
ad attuare con coraggio ciò che mi chiedi,
a scoprire il tuo volto in ogni volto.

*Chiudi, o Dio,*
il mio cuore a ogni forma di egoismo,
di cattiveria, di odio, di rancore,
di gelosia, di superbia, di antipatia.

*Credo, spero, amo, o Dio, il tuo volto di Padre.*

## *Sul mare della vita*

O Gesù,
tante volte hai viaggiato
sul mare di Galilea.

Sulla barca
hai parlato ai discepoli,
hai predicato alla gente,
hai salvato dalla tempesta.

Sii presente
sulla nave della mia vita.
Mandami il Vento
del tuo Spirito Santo
perché il mio viaggio
sia fatto senza risparmio per il bene.

Rischiara il cammino
con il sole dell'amore
perché nella calma del mare
il viaggio proceda gioioso.

Regalami il cannocchiale della speranza
per vedere sempre più vicina,
nel fluire del tempo,
la terra dell'incontro e del bacio eterno.
Amen.

## *Per ogni ragazzo della mia età*

Signore, ti ringrazio
per il dono meraviglioso della vita.
Sei tu che mi hai fatto crescere
con la forza del tuo Spirito
e ora sento che sono grande!

Sto imparando a stare in piedi da solo
e a correre con le mie gambe
l'avventura della vita.
Tu ti aspetti tanto da me,
perché sai di avermi arricchito di molti doni.
Ebbene, Signore, fa' che io non ti deluda!

Se anche mi sorprendesse la stanchezza:
dammi il coraggio di rialzarmi.
Se mi lasciassi andare lungo vie non buone:
fa' che io mi trattenga
ed abbia l'umiltà di tornare indietro.
Se dovessi sperimentare il fallimento:
dammi la certezza che il tuo amore
mi può rimettere a nuovo!

E allora, Signore, donami il coraggio di rischiare.
La strada dell'amore,
quella che hanno percorso i tuoi Santi,
sia la via sulla quale continuo a camminare
con slancio e con tanta fiducia.

Ma tu, Signore, tienimi sempre per mano!

## *Concedimi, o Dio misericordioso*

Concedimi, o Dio misericordioso,
di desiderare con ardore ciò che tu approvi,
di ricercarlo con prudenza,
di riconoscerlo secondo verità,
di compierlo in modo perfetto,
a lode e gloria del tuo nome.

Metti ordine nella mia vita,
fammi conoscere ciò che vuoi che io faccia;
concedimi di compierlo come si deve
e come è utile alla salvezza della mia anima.
Che io cammini verso te, Signore,
seguendo una strada sicura, diritta,
praticabile e capace di condurre alla meta,
una strada che non si smarrisca
fra il benessere o fra le difficoltà.

Che io ti renda grazie quando le cose vanno bene,
e nelle avversità conservi la pazienza;
senza esaltarmi nella prosperità,
e senza abbattermi nei momenti più duri.
Che io mi stanchi di ogni gioia
in cui tu non sei presente;
che non desideri nulla all'infuori di te.

Ogni lavoro da compiere per te
mi sia gradito, Signore,
e insopportabile senza di te ogni riposo.
Donami di rivolgere spesso il mio cuore a te,
e quando cedo alla debolezza,
fa' che riconosca la mia colpa con dolore,
e col fermo proposito di correggermi.

Signore, mio Dio, donami un cuore vigile,
che nessun pensiero curioso trascini lontano da te;

un cuore nobile,
che nessun indegno attaccamento degradi;
un cuore retto,
che nessuna intenzione equivoca possa sviare;
un cuore fermo,
che resista a ogni avversità;
un cuore libero,
che nessuna passione violenta possa soggiogare.

Concedimi, Signore mio Dio,
un'intelligenza che ti conosca,
uno zelo che ti cerchi,
una sapienza che ti trovi,
una vita che ti piaccia,
una perseveranza che ti attenda con fiducia,
e una fiducia che alla fine arrivi a possederti.

*(San Tommaso d'Aquino)*

## *Signore, insegnaci ad amare!*

Signore, insegnaci
a non amare noi stessi,
a non amare soltanto i nostri,
a non amare soltanto quelli che ci amano.
Insegnaci a pensare agli altri,
ad amare in primo luogo
quelli che nessuno ama.

Facci la grazia di capire
che a ogni istante,
mentre noi viviamo una vita troppo felice,
ci sono milioni di esseri umani,
tuoi e nostri fratelli,
che muoiono di fame,

senza avere meritato di morire di fame,
che muoiono di freddo,
senza aver meritato di morire di freddo.

Signore, abbi pietà
di tutti i poveri del mondo.

E non permettere più, o Signore,
che noi viviamo felici da soli.
Facci sentire l'angoscia
della miseria universale,
e liberaci da noi stessi. Amen. *(Raoul Follereau)*

## *Signore, fa' di noi...*

Signore,
fa' di noi gli strumenti della tua pace.

Aiutaci:
dove c'è l'odio, a portare l'amore;
dove c'è l'offesa, a portare il perdono;
dove c'è la discordia, a portare l'unione;
dove c'è l'errore, a portare la verità;
dove c'è il dubbio, a portare la fede;
dove c'è la disperazione, a portare la speranza;
dove ci sono tenebre, a portare la luce;
dove c'è la tristezza, a portare la gioia.

Signore,
più che essere consolati,
vogliamo consolare;
più che essere compresi,
vogliamo comprendere;
più che essere amati,
vogliamo amare.

Poiché:
è donando che si riceve,
è dimenticandosi che ci si trova,
è perdonando che si è perdonati,
è morendo che si risuscita all'eterna vita.

*(San Francesco d'Assisi)*

**"Tutti i tuoi figli sono preziosi
davanti al tuo cuore di Padre"**

ASCOLTACI, SIGNORE!

## *Offerta di sé a Dio*

Accogli, Signore, la mia totale libertà.
Ricevi la memoria, l'intelligenza
e la volontà, senza riserve.
Quanto ho e possiedo,
mi è stato donato da te.
A te lo riconsegno.
A te lo affido.
Guidami secondo la tua volontà.
Regalami soltanto l'amore a te, Signore,
con la tua grazia.
Questo mi basta.
Non ti chiedo altro. *(Sant'Ignazio di Loyola)*

## *In un momento di stanchezza*

Signore, oggi sono triste per i motivi che sai.
Tu, però, mi vuoi allegro,
sereno e sempre aperto al bene.
Allora, vinci tu dentro di me la mia stanchezza
e rimetti a nuovo il mio spirito.

Donami il coraggio
di affrontare con maggior brio la vita,
nonostante le nuvole buie di questo periodo.

Tu sei il sole della mia vita;
dissipa le tenebre che porto dentro il cuore
e fa' che io possa cantare presto le tue lodi
e riconoscere il tuo amore che salva.

## *Nella malattia*

Oggi faccio fatica a pregarti, o Signore,
e mi costa dirti grazie
perché soffro, e tu mi vedi.
Eppure io so che tu continui ad amarmi
e ti preoccupi di me.
Aiutami, Signore, a non dimenticarlo
e dammi forza per lodarti
anche nella mia malattia.

## *Prima di un viaggio*

Signore: io mi metto in cammino sulle strade del mondo e tu mi accompagni. Il tuo angelo santo mi difenda da ogni pericolo e mi conduca alla meta.

Aiutami a conoscere e ad apprezzare tutte le cose belle che hai creato; fa' che io impari a cantare la tua gloria che risplende nella creazione e attraverso le opere che l'ingegno dell'uomo ha prodotto lungo i secoli.

Insegnami a lodarti riconoscendo dovunque nel mondo i segni del tuo amore.

## *All'ultimo giorno dell'anno*

Un altro anno della mia vita è passato: grazie, Signore, per avermelo donato.
Tutto quello che è capitato è un dono del tuo amore, anche se non so capirlo fino in fondo.

Scusa, Signore, se ho lasciato trascorrere il tempo senza troppo slancio e non l'ho impegnato per fare sempre il bene.

Aiutami a riempire di bontà l'anno nuovo che sta alle porte e fa' che utilizzi il tempo che tu mi darai come la grande occasione, forse l'unica, per dirti il mio amore.

## *Per la festa di compleanno*

Oggi sono più grande, Signore, perciò sono nella gioia.
Io scoppio dal desiderio di correre incontro alla vita, la grande avventura.

Io dico grazie a te, Signore, che mi hai condotto per mano e hai rivestito di tenerezza tutti i giorni della mia esistenza.
Grazie anche per quanti mi sono stati vicini, come segno del tuo amore.

Signore, ti prego perché io possa diventare grande davvero, non solo negli anni.
Spalanca la porta del mio cuore.

Non permettere che io mi lasci vincere dal male; fa' che io cresca sempre di più nel bene, per poter diffondere ovunque il profumo della tua bontà.

## *Preghiera per la scuola*

Signore, ti ringrazio del grande dono che mi fai dandomi la possibilità di imparare: attraverso il lavoro e lo studio di tante persone che mi hanno preceduto mi affidi l'opera delle tue mani, perché ne scopra la bellezza e la perfezione.

Tu sai quanto è forte la tentazione di «subire» la scuola: rendimi umile e sincero, per collaborare generosamente coi compagni e gli insegnanti, senza mai spegnere l'interesse per la scoperta del mondo.

L'impegno di questi mesi, Signore, nella quotidiana fatica, sia una gioiosa scoperta del tuo amore per noi, una privilegiata occasione per conoscere gli altri.

* * *

Signore, attraverso l'esperienza scolastica tu mi educhi alla vita, alla responsabilità, all'impiego saggio e generoso dei doni che mi hai dato.

Ti ringrazio per tutto questo.

Fa' che ne scopra giorno dopo giorno la grande bellezza; fa' che in essa scopra il tuo progetto su di me, la via attraverso cui mi chiami a prendere posto nella famiglia umana.

## *Preghiera per i genitori*

Grazie, Signore, per i miei genitori.
Mi amano tanto e provvedono a me.
Dona loro, oggi, nuova forza, e a me la capacità di non turbare la loro gioia, anzi di accrescerla.
Aiutami a riconoscere i miei difetti e ad avere comprensione dei loro.
Fa' che conserviamo l'unità e la pace nel tuo amore.

* * *

Signore, qualche volta mi è difficile comprendere i miei genitori. Spesso le mie opinioni sono opposte alle loro, e non c'intendiamo. Concedi a noi disponibilità interiore nelle discussioni, e serenità nella ricerca del vero, attraverso un onesto dialogo.

Mostrami come noi figli dobbiamo vivere e crescere nella famiglia: ricevendo dai nostri genitori il meglio della loro esperienza, e donando loro il meglio della nostra vivace giovinezza.

## *Per chi soffre*

Signore Dio, tu hai a cuore
la vita di tutti i tuoi figli,
perché tutti sono preziosi
davanti al tuo cuore di Padre.
Ricordati di quanti sono nel dolore,
nella solitudine, nella difficoltà.
Fa' che sentano la vicinanza dei fratelli,
che rechino loro consolazione e speranza.
E là, dove l'uomo non può arrivare,
perché incapace di penetrare gli abissi del dolore
presente nel cuore di tanti suoi simili,
giunga la tua bontà paterna,
il soffio del tuo Spirito consolatore,
la dolce medicina che Gesù,
medico dell'umanità ferita,
sa portare a tutti coloro
che invocano il suo santo Nome. Amen.

## *Per i defunti*

Dona, Signore,
la gioia della vita che non finisce
ai miei defunti, a tutti i defunti.
Spalanca loro la felicità della tua Casa,
dove non ci sono «né pianto, né pena,

né dolore, né sofferenza, né morte».
Permetti loro, Signore,
di ricordarsi di noi,
perché ci aiutino a non dimenticarci mai di te.

“Padre nostro che sei nei cieli,
dacci oggi il nostro pane quotidiano”

# PREGHIERE DEL CRISTIANO

## *Il segno della croce*

Nel nome del Padre,
del Figlio e dello Spirito Santo. Amen.

## *Padre nostro*

Padre nostro, che sei nei cieli,
sia santificato il tuo nome,
venga il tuo regno,
sia fatta la tua volontà
come in cielo così in terra.
Dacci oggi il nostro pane quotidiano,
rimetti a noi i nostri debiti
come noi li rimettiamo ai nostri debitori,
e non ci indurre in tentazione,
ma liberaci dal male.
Amen.

## *Ave Maria*

Ave Maria, piena di grazia,
il Signore è con te.
Tu sei benedetta fra le donne
e benedetto è il frutto del tuo seno, Gesù.
Santa Maria, Madre di Dio,
prega per noi peccatori,
adesso e nell'ora della nostra morte.
Amen.

## *Gloria al Padre*

Gloria al Padre e al Figlio
e allo Spirito Santo.

Come era nel principio, ora e sempre,
nei secoli dei secoli.
Amen.

## *Angelo di Dio*

Angelo di Dio, che sei il mio custode,
illumina, custodisci,
reggi e governa me,
che ti fui affidato dalla pietà celeste.
Amen.

## *L'eterno riposo*

L'eterno riposo dona loro, Signore,
splenda a essi,
la luce perpetua;
riposino in pace.
Amen.

## *Atto di fede*

Mio Dio, perché sei verità infallibile,
credo fermamente
tutto quello che tu hai rivelato,
e la santa Chiesa ci propone a credere.
Ed espressamente credo in te,
unico vero Dio in tre Persone uguali e distinte,
Padre, Figlio e Spirito Santo.
E credo in Gesù Cristo, Figlio di Dio,
incarnato e morto per noi,
il quale darà a ciascuno, secondo i meriti,
il premio o la pena eterna.
Conforme a questa fede voglio sempre vivere.
Signore, accresci la mia fede.

## Atto di speranza

Mio Dio, spero dalla tua bontà
per le tue promesse
e per i meriti di Gesù Cristo
nostro Salvatore
la vita eterna e le grazie necessarie
per meritarla con le buone opere
che io debbo e voglio fare.
Signore, che io possa goderti in eterno.

## Atto di carità

Mio Dio ti amo con tutto il cuore
sopra ogni cosa
perché sei bene infinito
e nostra eterna felicità;
e per amor tuo
amo il prossimo come me stesso
e perdono le offese ricevute.
Signore, che io ti ami sempre più.

## Atto di dolore

Mio Dio, mi pento e mi dolgo
con tutto il cuore dei miei peccati,
perché peccando ho meritato i tuoi castighi,
e molto più perché ho offeso te,
infinitamente buono
e degno di essere amato sopra ogni cosa.
Propongo col tuo santo aiuto
di non offenderti mai più
e di fuggire le occasioni prossime di peccato.
Signore, misericordia, perdonami.

## *Credo o Simbolo apostolico*

Io credo in Dio, Padre onnipotente,
creatore del cielo e della terra;
e in Gesù Cristo, suo unico Figlio, nostro Signore,
il quale fu concepito di Spirito Santo,
nacque da Maria Vergine,
patì sotto Ponzio Pilato,
fu crocifisso, morì e fu sepolto;
discese nell'inferno;
il terzo giorno risuscitò da morte;
salì al cielo,
siede alla destra di Dio Padre onnipotente;
di là verrà a giudicare i vivi e i morti.
Credo nello Spirito Santo,
la santa Chiesa cattolica,
la comunione dei Santi,
la remissione dei peccati,
la risurrezione della carne,
la vita eterna.
Amen.

## *Preghiera del mattino*

Ti adoro, mio Dio,
e ti amo con tutto il cuore.
Ti ringrazio di avermi creato,
fatto cristiano e conservato in questa notte.
Ti offro le azioni della giornata:
fa' che siano tutte
secondo la tua santa volontà
e per la maggior tua gloria.
Preservami dal peccato e da ogni male.

La tua grazia sia sempre con me
e con tutti i miei cari.
Amen.

## *Preghiera della sera*

Ti adoro, mio Dio,
e ti amo con tutto il cuore.
Ti ringrazio di avermi creato,
fatto cristiano e conservato in questo giorno.
Perdonami il male oggi commesso,
e se qualche bene ho compiuto, accettalo.
Custodiscimi nel riposo e liberami dai pericoli.
La tua grazia sia sempre con me
e con tutti i miei cari.
Amen.

## INDICE DEI SALMI



## INDICE DEI BRANI BIBLICI COMMENTATI E PREGATI



## ALTRI BRANI BIBLICI

## INDICE TEMATICO

Abbreviazioni:
i = invitatorio; int = intercessioni



## INDICE DELLE FONTI

da: *Amico Dio*, preghiere per ragazzi, AVE, Roma 1981.
*La preghiera dei giovani*, LDC, Leumann (To) 1987.
*Lodate Dio*, guida per la preghiera e il canto, Lugano 1985.
*Pregare giovane*, LDC, Leumann (To) 1978.
*I Salmi, la mia preghiera*, EDB, Bologna 1987.

# INDICE GENERALE

PARTE SECONDA
## PREGARE IN OGNI CIRCOSTANZA

**Le preghiere del cristiano**